# 1 MONTH OF
# FREE
# READING

## at

## www.ForgottenBooks.com

By purchasing this book you are eligible for one month membership to ForgottenBooks.com, giving you unlimited access to our entire collection of over 1,000,000 titles via our web site and mobile apps.

To claim your free month visit: www.forgottenbooks.com/free1005005

ISBN 978-0-364-33744-8
PIBN 11005005

# Gedichte

in

## siebenbürgisch-sächsischer Mundart.

—•—

Von

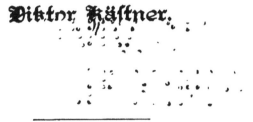

Viktor Kästner.

2. Auflage.

Hermannstadt.
Druck und Verlag von W. Krafft.
1895.

# Inhalt.

# Viktor Kästner.

Wer mit der neuen Altthalbahn, durch die Bergenge
bei Talmatsch an der Landskrone vorbei sich wendend,
über den Altfluß fährt, sieht vor sich eine breite, in reicher
Fülle prangende Ebene. Zur Rechten erheben sich in kurzen,
breitrückigen Querzügen steil ins Thal abfallend die Gipfel
der Fogarascher Südkarpathen; zur Linken zieht sich in
gleicher Richtung mit der Gebirgskette ein niederer Höhen-
zug, dessen kahle Lehnen gelbschimmernd seine Lehmgeburt
bezeugen. Auch er ist zerfurcht; hie und da öffnen sich
enge Thäler, die ins Innere des Landes hinaufsteigen,
und überall wo ein Thal sich aufschließt, quillt ein Dorf
heraus, ein einsam vorgeschobner Posten der sächsischen
Hochlandsburg, deren südliche Bollwerke hier von Hügel
zu Hügel laufen. Und unten in der Ebene fließt der Alt,
trüb und gelb, seit die tosenden Gebirgsbäche ihn immer
mehr hinüber zu den Lehmbergen gedrängt haben. Dort,
wo vom Bulleasee herkommend der Bach in den Fluß
sich stürzt, gründeten im letzten Viertel des 12. Jahr-
hunderts die Cisterzienser die Abtei Kerz. Wie im Burzen-
lande durch den deutschen Ritterorden, so sollte auch hier
in der Wildnis, wie es die strenge Regel der Cisterzienser
verlangte, durch christliche Kulturarbeit der Boden urbar
gemacht, die Reichsgrenze gesichert werden. Die Mönche
erbauten die stolze Kirche, das große Abteigebäude mit
dem mächtig gewölbten Doppelgange. Den Altfluß hinab,
die Seitenthäler des rechten Ufers hinauf zogen sich die
Siedlungen und Meierhöfe des Klosters. Zur selben Zeit
als König Andreas den Sachsen den goldenen Freibrief

gab, schenkte er der Abtei das Walachenland vom Alt
bis zum Gebirg, bestätigte ihr den Besitz von Michels-
berg. Sie gewann Herrenrechte über einige Dörfer des
unfreien Landstriches, der wie ein breiter Gürtel den
Königsboden des Sachsenlandes umschließt. Dann kam die
Zeit, wo wilde Mongolenhorden im Refektorium hausten,
daß der Abt in der Felshöhle Zuflucht suchen mußte,
kam die Zeit der Anjoukönige, da wohl auch das Kloster
in der Königsgnade sich sonnte, bis weltlicher Geist in
die Schar der Brüder einzog, der Prior zur Jagd hinaus=
ritt, zum Kampf mit dem Bären, dem sein Name gleich=
lang und der zürnende König (Matthias 1477) die Abtei
aufhob und ihre Güter der Hermannstädter Probstei
vergabte.

Jahrhunderte vergingen; Türme und Mauern der
stolzen Abtei, in denen schon die Wut der Türkenkriege
gewüstet hatten, brachen nun ganz zusammen; aus dem
Boden der Kirche, aus den Grüften der Mönche und
Äbte wuchsen Bäume empor; nun baute die keine Ge=
meinde der Klosterleute vor das Chor eine Quermauer,
richtete sich klein und bescheiden ihr Gotteshaus hier ein, und
das große runde Fenster an der Stirnseite des einstmaligen
Domes sah wie ein erlöschendes Auge die schöne Ebene
entlang: wie es drüben in den Schluchten lebendig ward
von Männern und Frauen, Kindern und Herden eines
fremden Stammes, wie am Fuße der Berge erst der
Rauch der Hütten aufstieg, dann dem Bache folgend tief
in der Ebene, dort und dort eine zweite Reihe; wie es
dann hinüberhuschte über den Alt die Seitenthäler hinauf,
dorthin überall, wo die alten Siedlungen des stolzen
Stiftes in Trümmer gesunken waren. Und die Mauer
schauerte in sich zusammen und senkte sich, noch stützt
sie sich an die alte Linde, die wohl einst der erste Prior im
neuen Heimatlande gepflanzt — und aneinander gelehnt,
Linde und Kirchenmauer, stehn sie da als letzte Trümmer
einer stolzen Vergangenheit.

Ein schwerer Traum der Erinnerung ruht auf dem Dörfchen. Wer könnte sich seinem Zauber entziehen.

An historisch geweihtem Orte, in dem keinen evange=lischen Pfarrhause, das aus den Ruinen der Kerzer Abtei erbaut worden war, wurde Daniel Viktor Kästner am 30. Dezember 1826 geboren. Es ist nicht nur biogra=phische Mode, sondern im innersten Wesen unseres Dichters begründete Notwendigkeit, die uns zwingt, einen kurzen Blick auf Vaterhaus und Heimatdorf zu wenden. In höherm Maße noch als heute, wo der ausgleichende Zug der Zeit bis in die stillsten Winkel wirkt, war in der Mitte unseres Jahrhunderts der Pfarrhof eine keine Welt für sich, eine Welt mit den keinen Schwächen und der großen Kraft einer idealen Weltanschauung. Materiellen Sorgen meist enthoben, da der Zehnten kärglich oder reichlich, aber doch immer nährte, kommen in ihm in keinen Schlägen die großen Wellen zur Ruhe, die in der Welt draußen der große Geistessturm aufgeregt hatte. Der Hausvater wird fast mehr noch als geliebt verehrt, das geistliche Amt rückt ihn höher als andere Menschen. Kaum wagt die zahlreiche Kinderschar an den Arbeitstisch zu rühren, geht auf den Zehen am Freitag und Sonn=abend, wenn der Vater die Predigt lernt, durch das Nebenzimmer; mit scheuer Verehrung blickt sie auf den Zilinderhut, den er zur Kirche trägt, mag er auch grün vor Alter sein. Tintenfaß, Federmesser haben ihre feste Stelle — ein Sakrileg, wer daran rührt. Und doch ists nicht ein hartes Regiment, es ist nur Zucht, auch wenn es für die lärmende und wohl auch streitende Kinderschar kein schreckenderes Drohmittel giebt, als daß der Vater mit strafendem Blicke in der Thüre seines Arbeitszimmers erscheint. Viel theologische Gelehrsamkeit, tiefe wissenschaft=liche Bildung hat der Pfarrer von deutschen Universitäten nicht immer heimgebracht, aber er zehrt davon sein Lebens=lang, vertieft und vermehrt sie durch eigene reiche Er=fahrung. Er, dem es zum innersten Glauben geworden, daß von Innen heraus der Mensch gebessert werde, giebt dem Medizin studierenden jungen Verwandten den Rat, zu bedenken: „daß nicht die Anatomie die Grundlage alles Wissens sei, sondern ein nüchterner, besonnener, aber über das Spiel niedriger Leidenschaften erhabener, über Gott, die Welt und sich selbst völlig im Klaren sich befindender Geist." Am Abend, wenn das einfache Abend= essen zu Ende ist, zündet er die lange Pfeife an und am Familientische, in der stillen Gemeinde, die durch Bande des Blutes und der Gedanken verbunden ist, fahren im Gespräch, im Lesen und Lehren Monate, Jahre hindurch die Fäden hin und wieder, die das Gewebe bilden der idealen Lebensanschauung, die so manchem evangelischen Pfarrhause eigen war und wohl auch ist. Etwas vom Asketentum der alten Kirche ruht über dem Pfarrhaus, abgeklärt allerdings und gemildert zu dem idealen Schwunge und der ernsten Zucht in diesem lebenden Gliede der beseelten Gesellschaft. Dazu kommt der warme Gefühlston der allen, auch den unscheinbarsten Dingen beigelegt wird, der, wenn man die kleinlichere Seite hervorheben will, alte Pfeifenröhren, Stöcke, Regenschirme des Groß= vaters und Urahnen aufbewahren heißt, der, wenn man die ernstere, tiefere Seite verfolgt, die keine Welt hier in anspruchsloser Lebensfreude und inniger Liebe ver= bindet, treue Geschwisterliebe schafft, die bis in die späten Generationen Enkel und Urenkel als Glieder eines Hauses zusammenhält. Eine eigene Sprachweise gehört diesem Familienleben an; sogar in Klangfarbe und Betonung er= ben sich in einzelnen Familien deutlich erkennbar sprachliche Eigentümlichkeiten des Pfarrer=Ahnherrn fort; eigen= tümliche Kosenamen, besondere Schlag= und Witzworte, deren Klang schon eine Kette froher Erinnerungen weckt, kennzeichnen diese eigene Familiensprache.

In einem solchen Pfarrhause wuchs Kästner auf. Der Vater, J. Daniel Kästner, später Pfarrer von Neudorf, eine ehrwürdige, patriarchalische Gestalt, hatte

in jungen Lehrerjahren Studien über heimische Geschichts-
schreiber gemacht und veröffentlicht. Die Geschwisterschar groß
— unter 6 war Viktor das 3. Kind —; die Mutter
und die eine Schwester bis in die letzten Jahre tief-
gehenden Einfluß auf das leichtempfängliche Gemüt des
Knaben nehmend — „wenn ich an Kästners Mutter und
Schwester denke, kann ich zuweilen den Gedanken an
Goethes Mutter und Schwester nicht abweisen" erzählt ein
dem Hause nahestehender Jugendfreund des Dichters —;
das war der Heimatsboden, in den das frühzeitig sinniger
Betrachtung sich hingebende Geistesleben Kästners seine
Wurzeln hineingrub. Und durch das Vaterhaus, eben
weil es ein echter Pfarrhof war, in das Dorfleben. Im
Namen schon ist angedeutet, daß der Pfarrhof einem
Edelhof gleich einsam abgeschlossen vom Dorfe liegt, aber
es ist nur ein äußerer Wall, den höhere Intelligenz,
weiterer Blick, meist auch uneigennützige Reinheit in den
keinen schmutzigen Fragen des mein und dein auf der
einen, Ehrfurcht und Vertrauen auf der anderen Seite
geschaffen haben. Innerlich steht er ganz im Volksleben
drinnen, wie der Pfarrer selbst, seien es nun zwei oder
mehrere Generationen her, aus dem Bauernstande empor-
gewachsen ist. Da flutet Volksempfinden und Denken
durch das Pfarrhaus. Was die in der Stadt als interessante
Altertümlichkeit etwa erfragen und sich anmerken, wird
hier als würdiger aber unauffälliger Brauch empfunden.
Da gilt und kingt noch die Mundart, in ihren Lauten
vielleicht etwas verfeinert, aber reich und satt an alten
echten Wendungen und Ausdrücken, die der Städter nicht
mehr kennt.

Auch Kästner hat die Luft des Volkslebens ein-
gesogen, wohl nicht so sehr durch eignen Verkehr mit
Spielgenossen im Dorf, als durch Thüre und Thor des
Pfarrhofes selbst. Er gehörte nicht zu den „getirschtijen"
Pfarrerssöhnen, die zum Führer und Herrn der Dorf-
jugend sich aufwerfen, bis der gekränkte Richter= oder

Geschwornensohn das höhnende Wort findet: „gäng, lir der läwer de Prädich.“ Heitern doch reizbaren Sinnes lastete der schwere Eindruck einer großen Vergangenheit, die aus den Ruinen der alten Abtei zu ihm sprach, lastete der erdrückende Anblick des Hochgebirges auf seiner Seele und machte ihn frühreif, besonders im Gefühlsleben.

Es mag nicht nur angelesene, sondern wenigstens zum Teil selbstempfundene elegische Stimmung sein, die aus erhaltenen Gedichten und Tagebuchaufzeichnungen der Knabenjahre herausklingt. Selbstempfunden, weil sie durchtränkt ist von echtester, liebevollster Anhänglichkeit an dem engen Boden seines Heimatdorfes. Das tritt vor allem zutage in einer Reihe keiner Gelegenheitsgedichte, die er an Vater, Mutter, Geschwister, Großeltern gesandt und die er im spätern Knabenalter als D. W. Kästners Gedichte sauber in ein Heft schrieb. Von den ersten unbeholfenen Versuchen an schimmert doch schon individuelle Anschauung und Empfindung durch. Alle die Gefühlsmomente, aus denen sich in seinen sächsischen Gedichten der Kranz seiner Heimatserinnerung zusammenflicht, können wir hier bis in seine frühe Jugendzeit verfolgen. So in einem formgewandten 80 Strophen langen Gedichte in Stanzen „Pfingstblüten“, das er seinem Vater aus Hermannstadt sandte. In des Jahres Blütestunden blickt der 14=jährige Knabe voll Sehnsucht in eine längstver= flossene Zeit:

> (2) „Ach wie so wohl wird mir, wenn auf den Tagen
> Entschwundner Seligkeit mein Auge ruht;
> Wie um die Rennbahn der olympsche Wagen
> Kreist mir entzückt das jugendliche Blut.
> Da schwinden weit hinweg die finstern Klagen,
> Und heilig wirds in mir wie Opferglut,
> Da störet in der Phantasien Spiele
> Mir nichts den Einklang seliger Gefühle.

(8) Dort winkt das Gärtchen mir, das halb verborgen
Und halb enthüllt so holde Blümchen trägt,
Das all mein Glück und alle meine Sorgen
Mir oft so ach im engen Raum umhegt,
Der teure Ort, den ich an jedem Morgen
Mit zarter Müh', mit warmer Sorg' gepflegt;
Wo Blümchen sanft berührt von meinen Händen,
Mir buntern Glanz und süßre Düfte spenden.

(10) Ich seh' die Bank, die an den Kirschenbäumen
So schattenkühl, so labend sich erhebt,
O könnt ich jetzt auf jenem Plätzchen säumen,
Das leises Blattgeflüster still umschwebt,
O wär ich jetzt in jenen sel'gen Räumen,
Wo Lust und Freud sich durcheinander webt,
Wo Schmerz und Kummer eiligst von mir fliehen,
Die Blumen nur der Gegenwart mir blühen.

(11) O seid gesegnet mir ihr Ruhesitze,
Wo rieselnd nur das stille Bächlein fließt,
Das in des Tages ruheloser Hitze
Mit leisem Ton den müden Jüngling grüßt.
Du Bretterbank, die hold des Zweiges Spitze
Mit schattenvollem Liebesarm umschließt,
Um den die Bienchen lustig schwärmend fliegen
Und sich auf seinen Blütenkelchen wiegen.

Das Gärtchen, der Kirschbaum, das Bächlein, wie
tief haben sie sich in das Herz des Dichters gegraben und
wie wecken sie jetzt noch die Erinnerung an den Heim-
gegangenen. Und noch weiter führt ihn das Heimweh:
zur Bärenhütte, zum kühlen Schatten der Eiche im Obst-
baumgarten, zum Bergamottenbaum. Am Morgen, wenn
kaum der erste Strahl erwacht, lenkt er über den Fluß
den Nachen zum andern Ufer. Vom Weinberg schweift
sein Blick über das Bild der Heimat: „Unten wälzt die

Wogen Aluta her in stolzer Majestät", von Apfelbäumen
umringt taucht das Dörfchen aus dem Rasengrün empor,
umsäumt von den Silberbächen, über das Saatenfeld der
schönen Ebene, zu den ernsten Buchenwäldern, den Vor=
bergen, zu dem Hochgebirge empor:

(17)  Dies sah ich still — und zarte holde Lieder
     Entschwebten meinem Munde süß und mild,
     Ich lasse mich ins weiche Grün darnieder,
     Das schon der Tau mit neuen Düften füllt.
     Erst flattert leicht mit zitterndem Gefieder
     Im irren Klang des künftigen Liedes Bild,
     Bis nach und nach in immer kühnerm Schwellen
     Gesang und Wort dem Leben sich gesellen.

Und hier schon das Bekenntnis:

     Und hob auch stets in neuen Sangesweisen
     Sich wandelbar mein zarterfundnes Lied,
     Wie man die Bien' um manche Blume kreisen,
     Um manchen Glanz der Welle spielen sieht:
     Doch schien es mir ein einz'ges Bild zu preisen,
     Wie mancher Keim aus einem Zweig erblüht,
     Die Heimat wars, der meine Lieder tönten,
     Die göttergleich mich zu erheben wähnten.

Das Dorfleben hat im Dichter wohl den Hang zum
einsamen Denken und Fühlen genährt, aber zugleich ihn
mit der Gabe scharf sehender, sinnig=deutender Beobachtung
beschenkt. Als Knabe legte er sich ein Verzeichnis von
Pflanzennamen mit der sächsisch=deutschen und lateinischen
Benennung an; ein Bienentagebuch aus seiner Gymna=
siastenzeit enthält eine Fülle genauer, systematisch geordneter
Beobachtungen. 1845 schrieb er „Memoiren, die Leidens=
geschichte meines wunden Zeigefingers enthaltend, nieder=
geschrieben von seinem Kameraden rechter Hand", in
welchem mit beängstigender selbstbeobachtender Genauigkeit
— man wird fast an Guy de Maupassant erinnert — mehr

als zwei Wochen lang Tag für Tag die Entwickelung der
Entzündung, die zuletzt einen gefährlichen Charakter ange=
nommen hatte, aufgezeichnet wird. Man kann fast bedauern,
daß Kästner nicht Naturforscher geworden ist, scharfe
Beobachtungsgabe, reinliche Systematik und dabei geistvolle
Kombinationsgabe, die uns in einigen kleinern kultur=
geschichtlichen Arbeiten überrascht, waren ihm eigen.

Mit dem 11. Jahre trat Kästner in die erste Humani=
tätsklasse des Hermannstädter Gymnasiums ein, das er
sechs Jahre hindurch besuchte, wie seine Zeugnisse ausweisen
immer „sehr fleißig" und fast durchgängig mit „aus=
gezeichnetem Fortgange". Vor allem zeichnete er sich in
dichterischen Versuchen aus, die zu jener Zeit einen
hervorragenden Platz im Gymnasialunterricht einnahmen.
Schon die mitgeteilten Stanzen bezeugen eine verhältnis=
mäßig große Gewandtheit im Versbau und Sprach=
beherrschung. Eine Reihe erhaltener Mittwochsarbeiten,
Preisarbeiten „Der gestirnte Himmel", „Erdenschmerz
und Himmelssehnsucht", „Das Tintenfaß", „Der Jüng=
ling auf dem Gottesacker", „Die vier Lebensalter", bestätigen
die Berechtigung des Ruhmes, den er sich mit ihnen in der
Schülernachwelt erworben. Das letzte Gedicht besonders ist
eine Schularbeit im besten Sinne, insoweit im Gedanken=
fluge, hie und da in Reimbindung Schiller'sche Worte
und Wendungen aus der Glocke, aus der Braut von
Messina wiederklingen. Noch tiefer aber weiß er sich in
Matthison'sche Manier zu versenken. So in der „Elegie
auf den Ruinen des alten Rom", vor allem in der
Wochenarbeit vom 17. November 1841 „Der Traum":

> Ich saß an jenem Hügel,
> Der, von dem Wald umkränzt,
> In hellem Silberspiegel
> Des Stromes hold erglänzt.

Mit trübem Sinnen schaut er in die Flut hinab:
Da tönen von fern die Abendglocken herüber und im

Mondenschein kommt das Bild der Heimat zu ihm. Aus
dem Erlenmoor schwebt der Elfenreigen empor:

> Und eine aus den Reihen
> Kam, drückte mir die Hand;
> Laut fuhr ich auf mit Schreien,
> Das Traumbild ach entschwand.

> Und wieder auf dem Hügel,
> Den rings der Wald umkränzt,
> Lag ich, wo schön der Spiegel
> Des hellen Strom's erglänzt.

Der Lehrer (S. Philp) urteilte: Viel Matthison'scher
Geist herrscht in Ihrem Gedichte. Es ist recht gut.

Aus seiner Schulzeit sind Tagebuchaufzeichnungen
erhalten, die interessant in die Schulverhältnisse jener
Zeit einführen: wie am letzten Tag die Monatsarbeit
geschmiedet wird; Vormittag das exordium, Nachmittag
die tractatio I und II, um endlich, dem Chorgeiste folgend,
die Arbeit gemeinsam n i c h t einzureichen. Zwischendurch
werden Monatsarbeiten für jüngere Genossen in einer
Stunde zusammengeschrieben; mit einem Freunde wird
hin und her gedacht, aus welcher Quelle Geld zum Besuch
des Theaters beschafft werden soll, endlich wird ohne des
Rektors venia „Hamlet" und mit großem Entzücken
„Die Perlenschnur" gesehen. Die wegen angeblicher Kränk-
lichkeit des Professors, sowie, weil der Rektor sich zur
Sonntagsbußrede vorzubereiten hat, ausfallenden Stunden
benützt man dazu, sich behaglich auf dem Bette zu wälzen
und mit dem Freunde zu zweit Schillers „Fiesko" zu
lesen. Vom Großvater wird 1 Gulden 41 Kreuzer ent-
liehen, um den Einband zu Ossian bezahlen zu können.
Und auch hier noch der Pfarrerssohn. Tag für Tag
wird aufgezeichnet, ob er mit den Brüdern Heinrich und
Fritz hat reden können, und wie der Vater Cäsar und
Sus zum erstenmal an die Deichsel gespannt hat, fährt

er mit ihm zur Probe bis Schellenberg und kommt zu Fuß zurück. Ob Käftner mit den poefiebegabten ältern Mitschülern J. Marlin, J. W. Schufter, Kirchner nähern Verkehr gehabt hat, wiffen wir nicht.

Die Ferien wurden natürlich im Vaterhaufe zu Kerz zugebracht, ein Herbft in der Weinlefe zu Bußd, die er in einem ellenlangen, feinerzeit unter den Paftorenkollegen des Vaters vielgerühmten Gedichte mit Blumauerifchem Versmaß und Behagen befungen hat. Es ift fein erftes Gedicht in fiebenbürgifch-fächfifcher Mundart. Rafch waren die fünf Wochen der Sommerferien um, in denen das Bienentagebuch fleißig geführt wurde. „Morgen ift alfo der Tag," fchreibt er in einer Aufzeichnung feiner früheften Schülerzeit, „fprach ich zu mir felbft, morgen ift der fchreckliche, an dem du diefes ftille Landleben, dies ländliche Dörfchen und feine Umgebungen verlaffen mußt. Morgen ift es, wo du um diefe Zeit nicht mehr unter Weichfelbäumen freie Luft atmen darfft, du mußt dich bequemen, im Ge-tümmel der Welt zu leben. Ach, fünf Wochen kurze Zeit und dagegen fieben Wochen Diligenz, das ift dem Teufel."

Als er 1845 das Gymnafium mit Auszeichnung abfolvierte, war er auch innerlich reif zum Hochfchulftudium.

Reich begabt, gefchärft durch genaue Beobachtung des Naturlebens, im Innern nachzitternd von den Ein-drücken der Dichterfürften, warm und tief empfindend, was Natur und Menfchenleben Verföhnendes über Klippen und Abgründe breiten kann: Glück auf denn! du dürftende Seele zum Fluge auf den Schwingen der Jugendkraft, im Windesbraufen des Geiftes, der aus deutfcher Wiffen-fchaft und Kunft dich emporheben foll. Doch ach! Es ift der Flug des Ikarus, nicht des griechifchen, deffen Flügel oben in der Sonnenglut verfengt wurden, des fieben-bürgifch-fächfifchen, der gar bald am Erdboden hingleitet, von Nebel und engem Wirbelwinde zu Boden gezogen.

B. Käftner ift zweifellos verkümmert, ein Opfer feiner Zeit, der Enge unfrer Verhältniffe; ficher als Dichter, viel-

leicht auch in seiner bürgerlichen Wirksamkeit. Eine ener=
gische Natur, wie J. Marlin, hätte die Enge durchbrochen;
er war zu weich dazu und so erdrückte ihn die Schwere
der Zeit.

Die Rechtsfakultät in Hermannstadt, welche unser
Dichter im Jahre 1845 bezog, bot dem jungen nach Wissen
und höherem Schwunge dürstenden Geiste nur kärgliche
Nahrung. Es wäre ein bittres Unrecht, den damaligen
Professoren der Anstalt die Schuld an den mannigfachen
Unzulänglichkeiten der Fakultät zuschieben zu wollen. Es
waren dies durchwegs ehrenwerte, charaktertüchtige und zum
Teil tiefgelehrte Männer, denen unser Volk im Kampf um
sein Recht und zunächst in der Erkenntnis dieses Rechtes
außerordentlich viel zu verdanken hat. Aber daß die Fakultät
von vornherein bestimmt war, ein Bollwerk gegen die An=
griffe der Mitnationen auf sächsisches Recht und sächsische
Verfassung zu sein, gab ihr von Anfang an einen ein=
seitigen Charakter. Obwohl zwar ihre Errichtung einen
unleugbaren Fortschritt über die bisherige Ausbildung der
sächsischen Juristen hinaus bezeichnete, so traten doch auch
an ihr die Nachteile einer Einzelfakultät gegenüber der
Universität, der universitas litterarum, schroff hervor.
Das historische Recht der Nation war der Angelpunkt
des Studiums, allgemeine Bildung, ja nur Anregung
dazu mehr als dürftig. Dazu kam, den Druck verstärkend,
der schulmäßige Betrieb der Studien. Den Studierenden
erschien der Unterschied zwischen ihnen und denen am
eben absolvierten Gymnasium fast nur darin zu bestehn,
wie ein Zeitgenosse sagt, daß man sie hier „meine Herrn",
dort „Sie" hieß und sie hier doppelt soviel zu repetieren
hatten als dort. Die Studierenden klagten über „pedan=
tische Heftbüffelei, geistloses Auswendiglernen"; das nach=
geschriebene Heft war die Autorität, so sehr, daß der
Rechtshörer im Kolloquium etwa behaupten konnte: „Nach
dem Wiener Frieden that sich in Europa eine allgemeine
Verstümmelung kund" worauf der Professor (Schmidt)

berichtigte: „Wenn Sie auch im Heft Verstümmelung haben, so bitte ich Sie doch hier lieber den Ausdruck ‚Verstimmung‘ zu gebrauchen", oder der Prüfungskandidat die Polizeiwissenschaft als die Kenntnis von den Individuen (statt Indizien) definierte. Theodor Fabini schrieb 1847 an einen Freund: „Was auch mich ärgerte und noch ärgert, ist die Art und Weise, wie die Studien betrieben werden wollen, die so sehr nach dem Schulstaube riecht und wodurch einem alle Lust zu einem freien selbständigen Betriebe der Studien geraubt wird, indem sich der Schüler begnügt, wenn er in den wöchentlichen Repetitionen seinen Paragraphen aus dem Hefte herabzitieren kann. Hiezu kommt noch, daß der Schüler bald einsehen lernt, daß das Meiste, was er hier lernen muß, nur Stückwerk ist und gerade hinreicht, damit derselbe einen notdürftigen Begriff von der Wissenschaft erhält." Besonders Professor Schmidt, dessen innere Tüchtigkeit die meisten der jungen Leute erst später schätzen lernten, galt als Silbenstecher und Pedant. Die Gereiztheit der Studierenden kam über der Frage, ob das Mitnehmen von Manuskripten in die Prüfungen gestattet sein solle, zum offenen Ausbruch (1847) Sie forderten ihre Gymnasialzeugnisse zurück: „weil sie nicht länger auf einer Anstalt bleiben könnten, wo die Studierenden auf eine so unwürdige Art behandelt würden." Schließlich blieben sie doch, „nicht aus Furcht vor den Drohungen des Senats und der Oberdirektion, sondern um zu zeigen, daß sie ihre eignen Interessen höhern Interessen, nämlich denen der Nation unterordnen könnten, welches leiden würde, wenn die Fakultät auf diese Art in ihren Grundfesten erschüttert würde." Doch schon im nächsten Jahre (1848) nahm die Versammlung des Jugendbundes in Mediasch Veranlassung, auch in Bezug auf die Fakultät eine Reform zu verlangen, indem sie in einem Gesuch an das Oberkonsistorium zu dem Grundsatz sich bekannte: „daß Lehr= und Lernfreiheit die Grundbedingungen sind, unter denen allein die f r e i e

Wissenschaft gedeihen und Früchte tragen kann." Auch Kästner fühlte sich durch diese Verhältnisse bedrückt. Im Freundeskreise sang er nach der Weise des Beckerschen Rheinliedes in seinem Schmidtliede:

> „Wir wollen ihn nicht haben
> Den kecken, barschen Ton,
> Mag er auch gleich dem Raben
> Mit Carzer schreiend droh'n.
>
> Wir wollen sie nicht haben
> Die Heftwortklauberei —
> Wir wollen edlere Gaben,
> Was kümmert uns dein Brei.
>
> Sollst nicht ob freier Worte
> Vor Zorn und Ärger glühn,
> Sollst nicht ob jeder Miene
> Zur Rechenschaft uns ziehn.
>
> Wir wollen lustig bleiben
> Vor dir und vor der Welt
> Und freie Blüten treiben,
> So lang es Gott gefällt.
>
> Wir wollen ihn nicht haben
> Den kecken, barschen Ton,
> Wenn wir auch drob verschulden
> Die Relegation."

oder nach der Weise des Tannenbaumes:

> O Fakultät, o Fakultät,
> Du giebst nur große Männer!
> Ist dein Senat auch höchst servil,
> So plappert er noch mal soviel,
> O Fakultät — —

Wir wollen das alles nicht höher anrechnen, als es wert ist. Aber ist nicht dieses Klebenbleiben am Pennal-

witz, dies behagliche Fortspinnen an Gefühls= und Ge=
dankenfäden, die in der Gymnasialzeit angeknüpft worden,
ein Zeugnis der geistigen Windstille, die in diesen Kreisen
herrschte? Ein keines Heft wurde angelegt „Beiträge zur
Kulturgeschichte der Fakultät", drollige Einfälle oder Über=
setzungsfehler aus dem ungarischen Sprachunterricht ent=
haltend. So wenn die Nationalfakultisten nach Salzburg
hinauswandern und hocherfreut in der Apotheke (gyógy=
szertár) ein gutes Bierhaus (jó sertár) vermuten. Schmun=
zelnd wird darin auch vermerkt, wie der Professor des
ungarischen Kanzleistiles in einem ungarischen Übersetzungs=
stücke den Ausdruck „olynthische Rede" berichtigt, „es sollte
eigentlich olympische Rede heißen." In der „Mittwoche
des November 1846 während der besonders interessanten
Lehrstunden von Schmidt und Müller" schreibt Kästner
leicht hingeworfene Gedichte in sein Heft, so ein stimmungs=
volles Lied „Erinnerung aus Liebchen". Damals war es
die „Rose von Thalheim", die den jungen Nationalfakul=
tisten in Flammen setzte.

Ein Stilleben fürwahr, während draußen im Lande
schon die Wolken zum Sturm gewitterschwül heranzogen
und in der Heimat selbst ein gewaltiges Drängen und
Gähren anhob. Stephan L. Roth zündete mit seinen
Brandschriften; auf allen Gebieten des wirtschaftlichen,
geistigen Lebens haftete die neuerwachte Arbeit, suchte
lang Versäumtes nachzuholen. In der Jugend schlug hie
und da ein Funke ein; der Drang nach Selbstbethätigung
trieb vor allem zu regem Turnbetrieb.

Kästner scheint zunächst diesen Bewegungen fernge=
standen zu haben; er war kein Turner. Er spöttelte
höchstens:

> O Turnverein, o Turnverein
> Wie löblich ist dein Streben.
> Wenn bald auch Niemand turnen geht,
> Das Turngebäude doch besteht.
> O Turnverein — —

Auch an der Jugendversammlung in Mediasch 1848
— um dieses vorausgreifend zu erwähnen — hat er zwar
teilgenommen, ohne jedoch irgendwie dabei hervorzutreten.
Er lebte sich in eine eigne Welt ein, die er sich selbst
erbauen mußte, für die er in Fakultät und Freundeskreis
wenig Baustoff vorfand. Allgemeine historische und äs-
thetische Studien mußte er auf eigne Faust machen;
die Folge war, daß sie, besonders auf philosophischem Ge-
biete, weniger tief gingen und mehr an der amüsantern
Oberfläche haften blieben. Reinliche, fleißige Excerpte aus
dieser Zeit zeigen uns den Weg seiner Studien: Aus
Rottecks allgemeiner Weltgeschichte, Glasbrenner, Walter
Skott, aus Shakespeares Dramen; vor allem interessant
ein Band Excerpte aus Dichtern der Gegenwart, vor-
züglich weniger bekannten österreichischen Dichtern, die in
einer damals in Wien erscheinenden Kunstzeitung ihren
Mittelpunkt fanden.

Man wird in der Richtung, welche Kästners Lektüre
in dieser, der entscheidenden Zeit seines innern Lebens
eingeschlagen hat, zugleich auch eine Antwort auf die Frage
finden können, wie es komme, daß er, dem von Jugend
an die Gabe der poetischen Naturbetrachtung und leichter
formsichern Darstellungsgabe verliehen war, niemals, auch
in dem Alter, das der Mut des Fehlens kennzeichnet, ein
größeres Dichtungswerk versucht hat; ja daß er seine poetische
Veranlagung fast schon auch vor Freundesauge verbirgt.
Man wird auf die früher gemachte Bemerkung zurück-
greifen können, daß die geistige und Gefühlsfrühreife des
Knaben immer lähmend auf den Schwung der reifern
Jugendentwickelung wirkt, wird aber dieses Einengen der
empfangenden und erzeugenden Dichtungskraft Kästners
auf das speziell lyrische Gebiet und hier auch das spätere
Versiegen der poetischen Ader auf den Mangel an leben-
diger dichterischer Anregung zurückführen dürfen. Seine
ihm ebenbürtigen Jugend- und Studiengenossen — zu
nennen sind vor allem Th. Fabini, Martin Schenker —

standen schon mitten in der Welle nationaler Erhebung; für Fragen der poetischen Vertiefung und Erhebung war er auf sich selbst und die dürftigen Litteraturwerke, die ihm zur Verfügung standen, beschränkt. Allerdings hatte die nationale Erhebung dieser Tage auch poetische Blüten getrieben, die J. Geltch, „der siebenbürgische Arndt", im „Liederbuch der Siebenbürger Deutschen 1847" zu einem Liederstrauß vereinigte. M. L. Moltke, J. Geltch, J. Kirchner, F. Marienburg, H. Wittstock, Fr. W. Schuster und andere poesiebegabte Volksgenossen hatten dazu ihre Beiträge geliefert. Aber wie diese Lieder zum größern Teil politische Gelegenheitsreime oder Umdichtungen bekannter deutscher Lieder waren und auch durch die Anpassung an bekannte Melodien mehr den Stempel eines Kommersbuches trugen, so ist es für Kästner charakteristisch, daß er sich zu diesen Dichtungen, die mit geringen Ausnahmen mehr von den Fittigen des Patriotismus, als der Poesie getragen wurden, nicht hingezogen fühlte. Er hat weder für das erste noch für das zweite, einige Jahre später erschienene Heft dieses Liederbuches einen Beitrag geliefert, und auch in seinem Nachlasse findet sich nur ein einziges in diesem Sinne patriotisches Lied, „am Grabe Hartenecks", das aber trotz manchen Härten der Sprache den besseren Dichtungen des „Liederbuches" an die Seite gestellt werden kann.

Wir sind jedoch auch nicht berechtigt, Kästners dichterische Entwickelung mit großen Strömungen der deutschen Dichtung in Beziehung zu setzen. Nicht die Romantik, nicht die jungdeutsche Bewegung hat auf ihn eingewirkt, dazu hätte es einer geschlossneren Berührung bedurft. Wie wir oben sahen, wählte Kästner seine Bildungsstoffe aus verschiedenen Geistesrichtungen, gern nach der Seite des leichten, feinen Humors sich neigend. Besonders für Stelzhammers österreichische Dialektgedichte hatte er große Vorliebe. Hier fühlte er eine Saite seines eignen innern Lebens anschlagen. Laut und nach Ausdruck verlangend besonders, als ihm J. K. Schullers Gedichte in siebenbürgisch=sächsischer Mundart in die Hände kamen. Käftner sagt es selbst, daß durch diese Gedichte in ihm der Wunsch rege geworden sei, sich, wie er bescheiden es ausdrückt, „in einigen poetischen Tändeleien" in seinem Mutter= dialekte zu versuchen.

Man mag über die Schuller'sche Sammlung urteilen, wie man will, mag tadeln, daß echte Volkslieder, volkstüm= liche Nachdichtungen, sowie Gelegenheitsreimereien zweifel= haften Wertes hier durcheinander gewürfelt erscheinen, für Käftner waren sie die einzige lebendige, sozusagen persön= liche Anregung; hier war wirkliches Leben, das Leben zündete. Zunächst war für ihn maßgebend, daß sie in siebenbürgisch=sächsischer Mundart geschrieben waren. Es wird später die innere Bedeutung der Mundart für die Dichtungen Käftners hervorzuheben sein, hier ist es zunächst nur notwendig, die historisch=psychologische Bemerkung zu machen, daß er mit gutem Bewußtsein nun ebenfalls die mundartliche Sprachform übernimmt. Und das ist auch der Punkt, an dem er mit der Bewegung seiner Zeit zu= sammen hing. Er schreibt, er habe sich in diesen Tän= deleien versucht „wenn auch nur aus dem Grunde, um manche lieblosen Urteile und ebenso häufigen, als vor= eiligen Ausfälle auf das angeblich Ungelenke, Bildungs= unfähige und die niedrige Entwickelungsstufe unsrer Mund= art womöglich zu paralysieren und poetisch befähigte Talente auf diesen, im Mutterlande so schön gepflegten Zweig der Volksdichtung aufmerksam zu machen und dieselben für die sächsische Volkspoesie gewinnen und entflammen zu können." Sächsische Mundart, sächsische Volkspoesie sind ein Faktor der sächsischen Volkskultur. Das war ja die große Aufgabe, die die Zeit unserem Volk stellte und welche die Besten dieses Volkes mit dem Hasten jugendlicher Begeisterung zu lösen suchten. Die staatlichen Revolutionen der letztver= gangnen Menschenalter hatten den Zusammenbruch uralter, staatlicher Einrichtungen gezeigt. Auch an der Stände= verfassung Siebenbürgens rüttelte die neue Zeit, die Union

mit Ungarn stand vor der Thüre. Da erwuchs in dem
Gedanken der nationalen Kultur auch der nationale Halt.
Nicht ausgesprochen, aber unbewußt dem Drange der Zeit
folgend, faßte das sächsische Volk kurz vor dem Zusammen=
bruche der politischen Einheit als Kultureinheit sich zu=
sammen. Nicht nur unser Volk, sondern ebenso die Mit=
nationen im Lande und deshalb nicht in friedlicher Ent=
wickelung, sondern in der Form des Wettstreites, zugleich
auch des gegnerischen Kampfes. Die Sprachenfrage wurde
erbittert ausgekämpft, landwirtschaftliche, Gewerbevereine
entstanden ebenfalls unter dem Gesichtspunkte dieser natio=
nalen Kultur; Zunftzwang und Gewerbefreiheit bildeten
den Gegenstand erregter Verhandlungen, der Verein für
siebenbürgische Landeskunde vereinigte in seinen ersten Ver=
sammlungen die Führer und die Masse der geistigen Ar=
beiter zu großartigem Ausdrucke dieser nunmehr auch ge=
schichtlich gewürdigten Volkskultur. Die ernste Geschichts=
forschung nahm sich der mehr zur Seite liegenden volkstüm=
lichen Gebiete, der Regungen des Volkslebens in Mundart,
Dichtung, Sage, Glauben an; alles das zum Zeugnis und
im freudigen Bewußtsein einer eigenen sächsischen Kultur,
d. h. einer Kultur, die dem Strome deutschen Geistes ent=
sprossen und aus ihm sich nährend doch hier auf dem Boden,
den die Väter seit 700 Jahren durch fortdauernde Arbeit
sich immer neu erworben haben, eine eigne Färbung, die
siebenbürgisch=sächsische, erhalten hat.

Aber mehr noch als diese äußerliche Anregung der
mundartlichen Sprachform traf in der Schullerschen
Sammlung der volkstümliche Boden, auf dem sie fußte,
den innersten Kern der dichterischen Begabung Kästners
und erweckte in ihm Erinnerungen des frühesten Gefühls=
lebens. Diese Knospen der Knabendichtung gingen nun zu
herrlicher Blüte auf.

So schrieb er zu Ende seiner Studienzeit — 1847 —
die vier ersten seiner sächsischen Gedichte, „Bräutigams
Tod", „Mein Bächlein", „Wiegenlied" und „Weibertreue",

die übrigen zum größern Teil einige Jahre später in Neudorf,
wohin der Vater unterdessen als Pfarrer übersiedelt war.
Schon in den ersten Gedichten zeigt sich die dichterische Indi-
vidualität Kästners scharf ausgeprägt. Ein Volksdichter in
dem Sinne, als ob seine Gedichte Volkslieder seien oder
auch nur vorwiegend volkstümlichen Charakter trügen, ist
Kästner nicht, denn nicht die Mundart macht ja irgend
ein Gedicht zum Volksliede, sie ist nicht einmal ein not-
wendiges Merkmal desselben. Gerade an den siebenbürgisch-
sächsischen Volksliedern, deren größere Anzahl nicht in der
Mundart gesungen wird, läßt sich anschaulich erkennen,
wie hochdeutsche Volkslieder allmählich in den Poesiebesitz
des Volkes aufgenommen werden, um, teils umgeschmolzen
in die mundartliche Form, teils in ihrer ursprünglichen
Gestalt zum eisernen Bestand dieses Poesiegutes zu gehören.
Wenn man dagegen mit Recht als dem Wesen der Volks-
poesie eigen es betrachtet, daß die Person des Dichters
zurücktrete und die Dichtung nach Gefühls- und Gedanken-
inhalt aus dem allgemeinen Vorstellungs- und Empfin-
dungsbesitze größrer Massen herauswachse, so tritt beim
Volksliede ganz besonders dieser allgemeine Zug hervor.
Es ist immer Gesellschaftslied und zwar Lied in dem Sinne
der ältern Poesie, welche Melodie und Text noch als we-
sentlich zusammengehörig verknüpfte; es will gesungen sein
und heutzutage wird öfters eine einfache, einschmeichelnde
Tonweise als der Text selbst ein Kunstgedicht zum Volks-
liede machen.

Unter den Kästnerischen Gedichten tragen nur wenige
diesen volkstümlichen Charakter, vor allem das erstge-
dichtete, „die Braut am Alt," das schon völlig zum Volks-
liede geworden ist. Das Motiv des balladenartigen Liedes
ist alt: der Bursche, der zur Rettung der Bedrängten
sein Leben selbst hingegeben, die Maid, der vor Jammer
das Herz darob bricht. In raschem Gange schreitet die
Erzählung fort, ohne scenarische Erläuterung, in Rede
und Gegenrede sich entwickelnd. Wer ist der Fragende,

wo kam er her, was geschah mit dem Mädchen? Es
bleibt alles im Dunkeln ruhn, Reiz und Aufgabe für
die Phantasie des Hörers. Auch Formgebung und Sprach=
wendung einfach, formelhaft, aus dem Satze alter Volks=
poesie schöpfend: der gelbe Alt; Lilien und Rosen und
Zitronenblüte; in den Tod betrübt; das schönste Braut=
hemd in der Gemeinde; Worte und Begriffe, an denen
tiefer Gefühlston hängt, der im Hörer mittönenden
Widerhall weckt, wie der Ton der Volksmelodie, der in
uns freudig empfunden mitklingt. Und doch steht auch
dieses Gedicht schon auf der Grenze des Volksmäßigen.
Ein sentimentaler Zug ist schon darin, er liegt in der
zu Grunde liegenden Situation. Die alten Eddalieder
erzählen in knappen Umrissen Siegfrieds Tod, ein jüngeres
nur schildert Grudruns (Kriemhildens) Schmerz an der
Bahre des ermordeten Gatten; das Nibelungenlied schließt
mit dem Untergange des Burgunder Helden, eine schwache
Fortsetzung erzählt von der Klage der Übriggebliebenen.
Das episodische Verweilen bei einem gefühlschweren Augen=
blick ist nicht mehr rein volksmäßig, ist schon subjektive
Reflexion.

Ein ebenfalls volksmäßiges Motiv verwendet das
Gedicht „Weibertreue" mit spottender Spitze, in welchem
ebenso, wie in dem sächsischen Struwelpeter „der schlimme
Hans" derber Volkshumor glücklichen und treffenden Aus=
druck findet.

Im Übrigen aber ist Kästners Dichtung durchaus
Kunst= oder besser gesagt Individualpoesie, trägt völlig
den Stempel seiner Persönlichkeit, ist bedingt durch sein
eignes Geistesleben, dessen beide Grundelemente, sinnige
Beobachtung des Einzelnen in Natur und Leben und
weiches Haften an dem Boden der Familie und der
Heimat wir bis in die frühesten Regungen seines dichte=
rischen Schaffens verfolgen konnten. Wie das Volksbewußt=
sein die Natur nicht bis in ihre kleinsten Züge hinein
belauscht, sondern nur solchen Pflanzen, Steinen, Tieren

sich zuwendet, die zum Menschenleben in irgend welcher
Beziehung stehn, das Unkraut aber in allen Naturreichen
unbeachtet bei Seite setzt, so begnügt sich auch die Volks-
poesie mit einzelnen Typen des Naturlebens, an welche
ein bestimmter, bekannter Gefühlston geknüpft ist, deren
Nennung schon diesen erweckt, sodaß ohne breite Ver-
gleichung das Volkslied von ihnen zum verwandten Ge-
fühlsleben springt. Kästners Naturschilderungen dagegen
gehen in das Kleine und Kleinste, mit dem Empfinden
des Volkskindes zwar, aber mit dem scharfsehenden Auge
des Naturfreundes ja des Forschers; vom Frühling bis
zur Winternacht zeichnet er in scharfen Zügen das Klein-
leben des Feldes und Rasens. Vor allem die Blumen
und Käfer sind seine Freunde, die er vom frühsten Er-
wachen bis zum Nachttraume belauscht. Im Frühling
die Palmkätzchen, die verblühten Kettenblumen, im Sommer
Lilie und Rose, die Kornwellen, die den Berg hinan
laufen, im Herbst die bunten Blätter, die bratende Trauben-
beere am Weinstock, die Herbstfädchen, die übers Land hin
fliegen, im Winter die bescheidenen Winterblümchen; die
Weichselbäume im Blütenschnee, in der Pracht der roten
Frucht, in der starren Trauer des Winters; das rauschende
Bächlein, im Frühling und Sommer der Quell fröhlichen
Lebens, nun schlafend unter Eis und Schnee. Das ist
die kleine Welt, die des Dichters Phantasie erschaut und
wiedergiebt. Aber in einzelnen Gedichten führt die Poesie
von der kleinen Welt zur Anschauung des großen Natur-
lebens, wie im „Alpensee", der die Größe und Pracht
des Hochgebirges schildert, und im „Nachtlied", das die
ruhige Majestät des Sternenhimmels, an dem der Wagen
ohne Gepolter und Ächzen seine ewigen Bahnen zieht,
widerspiegelt. Aber diese Naturschilderung hat eine didak-
tische Färbung. Natur- und Menschenleben wird, bewußter
und dringlicher als es die Volkspoesie thut, in Vergleichung
gesetzt. Das Blatt gleicht dem Kinde, die Knospe dem
Jüngling, die Blüte dem Manne, die welkende Frucht

dem Greise; die Kettenblume erinnert an die Einigkeit der Nation; die Herbstfäden decken und schützen das Sachsenland und wie die Kornähren im Winde schwanken, daß wir glauben sie liefen den Berg hinan, da sie doch fest auf dem Boden stehen, so haftet der Mensch an der Scholle, ob auch sein Geist über Berg und Thal fliegt. Ein schönes Bild, die Tragik des eignen Dichterlebens Kästners erfassend

Und ebenso klar und deutlich spiegeln die Gedichte die andre Seite des Geisteslebens Kästners wieder. Es ist kein Zufall sondern tief im Wesen unsers Dichters begründet, daß oft bis auf Ausdruck und Wendung hier die Anschauungstypen der Knabendichtungen wiederkehren. Der satteste Gefühlston, die empfindungsreichste Stimmung, die nach dichterischem Ausdruck drängte, war eben bei ihm an die Erinnerung des Familien= und Heimatlebens geknüpft. Das Bild des Ortes, auf dem dieses fußt, ist leicht umschrieben: das Dörfchen mit den Trümmern der Abtei, von der Linde umschattet das Pfarrhaus; ein Bächlein fließt durch den Hof, an den Weichselbäumen vorbei, umspült die herabgestürzte Gnadensäule mit dem Bildnis der heiligen Maria. Drüber neigen sich Erlen, drin plätschern die Enten; von fern braust der Alt, vom Bodenzaun her lockt die Nachtigall und jenseits der Ebene erhebt sich in stolzer Größe das Hochgebirg, die Hatterthaufen des Landes. Dieses Land aber ist das „Sachsenländchen", an dessen Enden die Schwerter von Broos und Draas die Grenze wehren, dessen Schmuck die Sachsenstädte sind, Hermannstadt, Kronstadt, „die Stadt der Ehren", Broos, das vom Olymp, wie jene von der Zinne, überschaut werden kann, in dem die Wellen des Alt, Mieresch, Zibin und der Kokel die Volks= genossen verbinden, das Sachsenland mit der reichen Vergangenheit, aus der die Strellbrücke von Fabinis Tod, das Brodfeld von der Türkenschlacht, die Zinne von Weiß und Honterus erzählen. So atmet denn die Dichtung

Käſtners ſächſiſches Leben, wie wir es ſonſt bei keinem unſerer heimiſchen Dichter finden. Nicht nur als kulturelle, ſondern als geographiſche Einheit lebt in ihr das Sachſenvolk.

Hier iſt nun auch der Ort von der Bedeutung der Mundart für die Dichtung Käſtners zu ſprechen. Sie hat nicht nur inſoweit Bedeutung, als ſie weſentlich das in den Gedichten widergeſpiegelte ſächſiſche Leben kennzeichnet und ſo durch die Bodenſtändigkeit dieſer Dichtung mitbedingt iſt, ſondern ihre große Bedeutung liegt eben in der durch ſie bewirkten Übereinſtimmung der äußern und innern Form der Gedichte. Nicht nur ſächſiſches Leben im ſächſiſchen Gewande, ſondern Fühlen und Anſchauen, das auf dem Familien= und Heimatboden fußt, in einer Sprache, die dieſem Gefühls= und Anſchauungsleben eigen iſt. Wir können unſchwer eine Reihe kennzeichnender Merkmale anführen, die wie der Mundart ſo dem obenumgrenzten Poeſiegebiete Käſtners angehören. Wie der Heimatboden mit all den Gefühlen die er trägt nur bis zu den Grenzgebirgen reicht, wo erſt die große Welt beginnt, ſo zweigt ſich die Mundart als ein Aſt von der großen deutſchen Weltſprache ab. Aber dieſe Enge wirkt nicht beſchämend, ſondern wird ſtolz als beſcheidenes aber eigenſtes Eigentum empfunden. Die Heimat iſt nur ein Ländchen, aber ſie hat Ströme, Berge, grünende Auen und mächtige Städte, das Volk iſt nur ein „Vilkelchen", aber es darf ſich großer Ahnen, heldenhafter Söhne rühmen; die Mundart, das ſächſiſche Vaterunſer, reicht nur von Broos bis Draas, aber innerhalb dieſes Gebietes ſpricht Berg und Thal, Blume und Käfer, Bach und Quelle nur ſächſiſch.

Alle Quälle, Bärch uch Brännen,
Alle Fließker ſachſeſch kännen:
Uch der Ald, e Sälwerbånd,
Hīrd em ſachſeſch bēre, ramplen
Zwer Stīn uch Fälſen tramplen,

Kib all morwelä gerånt;
Uch de Burzen ägertpelt
Bun der Häzt, hirt, wä se prtpelt
Sachseſch än dem Burzelånd.

Und in dieſem Bewußtſein der Eigenart liegt Stolz und Freude:

Frå mich, dab ich ſachſeſch rieden,
Als e Sachs frå af kån trieden,
Bleiwen 't bäs zem liezten Hoch!

Die Enge des Familienlebens wie die Heimat führt Menſchen und die umgebende Natur näher aneinander, macht ſie zu vertrauten Freunden; der Vater und das Kind kennen jeden Baum ja jede Biene. Die lebloſen Dinge erhalten Namen, werden lebende Perſonen. Die Mundart verſtärkt dies lebendigmachen, die Erhebung des Lebloſen zu Perſönlichkeiten. Sie ſucht nicht wie die abſtracte Schriftſprache das Ding nach ſeinem innerſten Weſen zu benennen, ſie greift hervorſtechende lebendige Eigenſchaften heraus und nennt es nach ihnen: „Schnee= weißchen“, das Mädchen wie Schnee und Blut, „Brummes“ den Käfer, die Haustiere nach den Lauten, die wir von ihnen zu hören gewohnt ſind. Hier treffen ſich Eigenheiten der Mundart und der Kinderſprache, die in noch höherem Maße als jene lautmalend die umgebende Natur benennt. In den Käſtnerſchen Gedichten tritt gerade dieſe Seite der Mundart ſcharf hervor, ſie ſind geſättigt von ſolchen perſönlichmachenden, lautmalenden Ausdrücken. Wir er= innern nur auf das „Uermchen“, in welchem, wie in dem ſchriftfähig gewordenen Liebchen, die eine unſer perſönliches Empfinden berührende Seite zur vollen Geſtalt geworden iſt, an das „Tongolong“ des Blumengrabgeläutes. Und an dieſer engen Berührung hängt zugleich innige Liebes= gemeinſchaft, die ſich in Koſenamen und zärtlichen Wen= dungen nicht genug thun kann. Dem weichen Haften der

Erinnerung an jedem Plätzchen des Vaterhauses, dem wohligen Behagen an dem, was zum engen und engsten Familienkreise gehört, entspricht die Neigung der Mundart zu verkleinernden Kosebildungen. Im Familienkreise wird selten der volle Namen der Kinder ausgesprochen, durch eine besondere oder gewöhnliche Verkleinerungsendung wird er versüßt, weich gemacht. Auch die Mundart kennt kein Lamm, Kalb, Biene, Schwalbe, sondern nur ein Lämmchen, Kälbchen, Bienchen, Schwälbchen. Das Volksgemüt zeigt nach außen oft eine rauhe, harte Schale, in solchen keinen Zügen aber bricht die tiefe Empfindung, die gefühlvolle, liebkosende Auffassung der Naturumgebung durch. Kästner hat gewiß mit gutem Bedacht an vielen Stellen, für den Geschmack des höher gebildeten Lesers vielleicht zu häufig, diese verkleinernden Formen verwendet. Und ebenso mit Absicht die zahllosen, nur dem sächsischen Dialekte und auch hier nur einzelnen Gegenden angehörenden, eigenartigen Ausdrücken. Die Sprache der Familie gebraucht nicht nur Kosenamen, sie erfindet eigene Benennungen, deren Gefühlston dem Fremden fernsteht. Doch je mehr dieser vielleicht darüber zu lächeln sich bewogen fühlt, um so scheuer hütet sie die Familie als heiliges Gut. Auch die Mundart hat solche eigene Wendungen und Ausdrücke, die von altersher geprägt, eine besondere Geschichte und besondern Gefühlswert haben. Es ist das Erbteil der Muttersprache, die für uns alle doch nur in der Mundart denkt und dichtet, welche wir an dem Herde der Mutter gehört haben. Die vielen eingestreuten Eigenwörter der Mundart erschweren zweifellos das Lesen der Gedichte, sie geben aber ebenso zweifellos ihnen den farbensatten Ton, der uns so kräftig aus ihnen anmutet.

So erschöpft denn Kästner alle Mittel, welche die Mundart ihm bietet, der lyrischen Empfindung angemessenen Ausdruck zu geben, darüber hinaus geht er nicht. Er wird nicht geistreich, er macht keine Anleihe an Trauer- und Wehmutempfindung. Seine Bilder sind einfach, fast

bürftig: „still wie im Grab," „Augen wie 20," „schläft
wie eine Ratte," der Donner rollt, der Sturm heult,
„daß Bär und Gemse auf dem Hochgebirge vor Furcht
erzittern." Überall hier bleibt Käftner dem Boden, aus
dem seine Dichtung emporgewachsen ist, treu.

Und fragt man sich zum Schluße dieser Betrachtung,
worin denn der Zauber dieser Gedichte, den sie gleich
nach ihrem Bekanntwerden wie auch heute noch ausüben,
beruhe, ob auf dem einfach, warmempfundenen Inhalte,
ob auf der anheimelnden Sprachform, so wird die Ant=
wort auf dasselbe hinauslaufen, worauf die äfthetische Kritik
hinweist: der ansprechende Eindruck wie auch der objektive
Kunstwert dieser Gedichte werden beide durch die reine
Übereinstimmung der innern und äußern Form bedingt.
Käftner ist nicht „Salontiroler", aber auch nicht Volks=
dichter, sondern ein gefühlstiefer Dichter, dessen Denken
und Fühlen so tief im Volksgrunde wurzelt, daß es nur
in der gleichem Grunde entsprossenen Mundart völlig
entsprechenden Ausdruck finden konnte.

Den Abschluß der Fakultätsstudien bildete im Sommer
1847 eine heitere Fußreise mit C. v. Sternheim und einem
andern Studiengenossen in die siebenbürgischen Bäder.
Frohes Genügen an kärglich gebotenem Badekomfort, harm=
lose Freude an keinen Reiseabenteuern, glückliche Erfassung
und Zeichnung einzelner Typen der Badegesellschaft charak=
terisieren das ausführliche Tagebuch, das Käftner über
diese Fußreise führte. Es ist zum Teil unlängst im „Sie=
benbürgisch=Deutschen Tageblatt" veröffentlicht worden.
Wir erinnern uns gern der prächtigen Einzelgestalten des
Borßeker Aufenthaltes: der jüdische lange Kellner, von
den Reisegenossen Meuchelmörder genannt, die sächsische
Wirtin, die unsere Freunde fast verhungern läßt, weil
sie über die Reinlichkeit der Servietten, die nach des
Kellners Meinung gut genug für Borßek sind, sich Be=
merkungen erlaubt haben; der ehrwürdige Szekler Königs=

richter, dem sie durch rechtshistorische Deduktionen zu impo=
nieren suchen und der mit dem gesunden klaren Menschen=
verstand den Schwindel der Freiheitsphrasen durchschaut.
Die Reise endete mit dem Besuche Kronstadts und einer
Bergfahrt zum Bulleasee; die Erinnerung an sie veran=
laßte drei Jahre später das schöne Gedicht „Der Alpen=
see“. Es ist bedauerlich, daß gerade der Schluß dieses
Tagebuches nicht ausgeführt worden ist.

Käftner hatte in allen Gegenständen mit der Note
„ausgezeichnet“ die Rechtsfakultät absolviert, es stand
ihm nach den gerechten Ansprüchen seines Wissens, welches
Gebiet des öffentlichen Lebens er auch wählen mochte,
eine glänzende Laufbahn offen. Eine längere Krankheit,
Wechselfieber, fesselte ihn im Herbst 1847 an das Vater=
haus in Kerz. Damals legte er, die Stickmustervorlagen,
die er seiner Schwester zeichnete, als Ausgangspunkt be=
nützend, seine reiche, auch jetzt noch wertvolle Idiotismen=
sammlung an. Von Januar bis zum Mai 1848 stand
er bei der Gerichtstafel in Maros=Basarhely in Ver=
wendung, vom Mai 1848 bis November 1849 war er
in Hermannstadt Magistrats=Honorarkanzlist; darauf
ein Jahr lang Diurnist in der Direktions=Kanzlei des
Komes. Es waren schwere, verhängnisvolle Jahre, die
Käftner in solch untergeordneten Stellungen zubrachte.
Der Hader der Nationalitäten, das gewaltsame Vordringen
des herrschenden magyarischen Stammes hatte zur Revo=
lution geführt. Das sächsische Volk hatte treu zu Kaiser
und Reich gestanden und die sächsische Jugend hatte sich
todesmutig in die ersten Reihen der Kämpfenden gestellt.
Es war das Alles nicht ohne Schwanken gekommen. Im
sächsischen Volke stand der alte konservativen Patrizier=
partei eine jüngere Opposition gegenüber, welche in die
versumpften Verhältnisse einen neuen Zug bringen wollte
und deshalb, weil sie vom reaktionären Österreich keine
Rettung erhoffen konnte, einer Union Siebenbürgens mit
Ungarn, in dem eben die freiheitlichen Ideen Gestalt zu

erhalten schienen, unter gewissen Garantien nicht abge=
neigt war. Aber als sie den Gang der Entwickelung, die
über das erstrebte Ziel hinaus zur blutigen Entscheidung
drängte, erkannte, wurde diese Partei gerade die festeste
Stütze der österreichischen Macht in Siebenbürgen. Die
sächsische Jugend hatte von vornherein durch das Deutschtum
der habsburgischen Monarchie sich bestimmen lassen; in
Geltchs Liederbuch klingt diese Saite voll und vernehmlich,
und wenn der Jugendbund in Mediasch auf die Wehrhaft=
machung des Volkes drängte, so war es klar, für wen diese
Wehre eintreten wollte. Und als es zur That kam, strömten
sie zu dem neuerrichteten Jägerbataillon und gar Manche
von ihnen, darunter Th. Fabini, J. Kirchner starben den
Heldentod.

Kästner stand nicht in der Mitte der Bewegung,
dazu war er noch zu jung. Erst später warf er sich mit
ganzer Kraft in die Wogen der Zeit. Doch stand er mit
seinen Studien= und Volksgenossen auf gleichem Boden. Dem
kranken Freunde in Kerz meldet Eugen von Salmen, der
Sohn des Komes, am 31. Juli 1848 von einem Briefe der
7=er Deputationen in Pest an seinen Vater: der Palatin
habe sie selbst aufgefordert, beharrlich ihre Bedingungen
zu verfechten, zugleich habe er sie mit der Hand auf der
Brust versichert, sobald er merke, daß die Ungarn von
der Gesamtmonarchie sich losrissen, würde er keine
24 Stunden länger in Pest bleiben. Noch in spätern
Jahren spöttelten die Wiener Freunde über die schwarz=
gelbe Gesinnung Kästners. Dieser war als National=
Gardist unter die Waffen getreten, mußte aber mit den
zurückgedrängten kaiserlichen Truppen in die Walachei
fliehen. Das Jahr ging zu Ende und brachte das Manifest
vom 22. Dezember 1848, darin „das volle Recht der
unmittelbaren Unterstellung der Sachsen unter die Krone",
gewährleistet wurde.

Mit der Ruhe kam die bittere Enttäuschung. Der
Druck des Absolutismus lastete schwer auch auf dem

sächsischen Volke, um so schmerzlicher empfunden, je größer auch das innere Opfer der freiheitlichen Bestrebungen gewesen war, das die Sachsen im Revolutionsjahre gebracht hatten. Dem freiheitlichen Schlagworte zum Trotz waren sie zum reaktionären Österreich gestanden, weil ihr Deutschtum, ihre auch in der munizipalen Einheit sich abgrenzende nationale Kultur, dort Schutz erwartete, und zum Lohne ward ihnen, daß ihre munizipale Verfassung vernichtet, auch über ihr Land der Belagerungszustand verhängt wurde. Als dieser aufgehoben wurde, fiel mit dem Komes auch der letzte Schein der alten Verfassung, die man als mit den Grundprinzipien der Monarchie nicht vereinbar erklärte, der ehemalige Königsboden wurde zerschlagen und unter mehrere der neugebildeten Kreise verteilt. Vergebens war der Protest des seines Amtes enthobenen und nach Wien versetzten Komes; die Hermannstädter Stadtvertretung, welche gegen den Gewaltakt protestierte, wurde aufgelöst.

Es ist natürlich, daß diese Vergewaltigung der Sachsen gerade nach einem Kampfe, in dem sie für die Gesamtmonarchie schwer gelitten und schwere Opfer ge= bracht hatten, die Gemüter tief verstimmte und Kästner hätte nicht der so leicht reizbare und leidenschaftlich mit allen Fasern seines Herzens an seinem Volk hängende, in ihm wurzelnde, für dessen Recht und Freiheit begeisterte Jüngling sein müssen, als daß ihn die Gewaltmaßregeln nicht besonders tief erregt hätten. Anfangs, als der Be= lagerungszustand als etwas bloß Vorübergehendes erschien und eine gewisse Freiheit des politischen Lebens und Strebens gestattete, hoffte er noch mit dem ganzen Mut der Jugend auf beßre Zeiten. Es ist als ob gerade unter dem äußern Drucke sein innerer Schwung neue Flügel bekommen habe. Damals schrieb er in den Mußestunden in Neudorf einige seiner schönsten sächsischen Gedichte, darunter auch das stimmungsvolle Scherzlied „der Kanzlist“. Mehr aber als in diesen Gedichten pulsiert hoffendes Leben in einer Reihe von politisch-wirtschaftlichen Zeitungsauf=

säßen, die Kästner im Laufe des Jahres 1850 veröffent-
lichte. Ein geistig angeregter Freundeskreis hatte sich in Her-
mannstadt gebildet. Schuler-Libloy, V. Kästner, Ranicher,
Simonis, E. A. Bielz, E. v. Salmen, Fr. v. Sachsen-
heim gehörten dazu; im brieflich-regem Verkehr standen mit
ihm Martin Schenker in Wien, Sternheim in Schäßburg.
Noch klingen die Anregungen des Jugendbundes nach, den
die Freunde, wie sie vor drei Jahren Schenkers Aufruf
dazu versandt hatten, wieder ins Leben rufen wollen.
Man trägt sich mit dem Gedanken, eine Biographie St.
L. Roths zu schaffen. Die Turner-Schützenbestrebungen
werden neu belebt. Wie ein erfrischender Hauch geht
durch den Kreis das Bewußtsein, daß „eine moralische
Korporation, die Jugend es sei, die für ihre heiligsten
Interessen in die Schranken tritt," die sich anmaßt, mit
ihrem Drängen neben die „langsam und schwerfällig ar-
beitende" Universität sich zu stellen. Das eifrig verfochtene
politische Ideal war ein selbständiges Kronland „Sachsen-
land," eine Hoffnung die sich auf das Patent vom 23.
Dezember 1848 stützte und die, wie im Freundesbrief-
wechsel jubelnd konstatiert wird, eine zeitlang von der
Wiener und auswärtigen Presse genährt wird. Aber
während die Universität in langen Sitzungen die Sache
verhandelte und endlich den alten historisch begrenzten
Königsboden als Territorium des zu erhoffenden Kronlandes
festsetzte, erkannte die Jugend den gefährlichen Punkt:
daß der Königsboden nicht mehr in unsern Händen ist;
sie wagt zugleich den entscheidenden Schritt, eine Reihe
rein romänischer Dörfer und Gebiete auszuscheiden. Fr.
v. Sachsenheim vertrat das Projekt der Jugend in der
Universität. Sein Antrag fällt durch. „Warum?" fragt
Kästner in einem scharfen Artikel der „Kronstädter Zeitung,"
„der Antragsteller ist ein junger Mann, der, wie einige
Herren meinen, noch nicht trocken hinter den Ohren ist. Er
tritt zu offen und freimütig auf und hat zu jung eine
Stellung erreicht, in der ihn wohl mancher ungern sieht."

Wie in diesen, so entfaltete Käftner auch in andern Fragen eine rege journalistische Thätigkeit; seine Auffätze erschienen im „Wandrer" „Lloyd," in der „Augsburger Allgemeinen" im „Satellit". Die Freunde in Wien nennen ihn die Krone der Korrespondenten. Seine Artikel sind alle trotz genauem Eingehn in die wirtschaftlichen und politischen Einzelfragen von stolzem nationalem Schwung getragen. Vor allem auf den anzuhoffenden, volkstümlich gebildeten sächsischen Landtag rechnet er. Von einer staatlich durchgeführten Neukolonisation deutscher Ansiedler im Sachsenlande handelt eine Reihe von Auffätzen. Sie heben klar die Durchführbarkeit einer solchen Ansiedlung hervor, stellen einige Richtpunkte auf: Es sollen evangelische, Niederdeutsche sein, in abgerundeten Gebieten, meilerweise sich niederlassen. Landwirtschaft und Deutschtum soll durch sie wie einst durch die Badner und Durlacher gehoben werden. Besonders die „Kronstädter Zeitung" mit ihrem Beiblatt „Satellit", damals wie später der Sammelplatz der jüngern, strenge national fühlenden, freimütig aufstrebenden Generation, gewährte gern seinen Auffätzen Herberge. Der Form nach benützen diese oft die Polemik gegen den von H. Schmidt geleiteten „Siebenbürger Boten". Anfang 1851 stand Käftner mit dieser letzten Zeitung selbst behufs Übernahme der Redaktion in Unterhandlung, doch zerschlug sich die Sache aus weiter nicht bekannten Gründen.

Wie er sie am tiefsten gefühlt, so hat Käftner unter seinen Genossen auch am längsten die Hoffnung auf eine endliche Lösung des Alpdruckes genährt, so ist er am schmerzlichsten enttäuscht worden. Die Freunde in Wien, J. Ranicher, Mart. Schenker sahen schon bald, daß die frommen Sachsen in ihren Erwartungen betrogen seien; Käftner verteidigt noch, ja begrüßt innerlich mit Jubel die regelmäßige österreichische Regierung, rühmt ihre Thätigkeit, besonders auf dem Gebiete des Schul- und Kirchenwesens, hebt die Notwendigkeit einer neuen Kirchenver=

faffung hervor — die Wiener Freunde hatten schon im September 1850 den Traum von der Markgraffchaft „Sachfen" ausgeträumt. Schenker schreibt: „Wir find hier nüchterner geworden; man scheint uns zu mißtrauen und die Walachen zu fürchten. Siebenbürgen mag sich mit dem begnügen, was aus diesem Mißtrauen und aus dieser Furcht hervorgehen wird;" und „befolgen wir hinfort eine Politik, die mit den Magyaren Hand in Hand geht, und sehen wir, daß wir fürderhin nicht mehr einen Faktor bilden an dem Bleigewicht, das die 30=jährigen Beftrebungen des deutschen Volkes niederzuhalten sucht. Um Gottes willen bitte ich Euch in Euern Auffätzen nicht immer von der sächsischen Treue, Anhänglichkeit an die hohe Dynaftie u. dgl. zu fabeln. Unsere Politik wird nicht von der Homagialität, sondern von dem Drange nach Erhaltung unserer Volksindividualität bedingt und damit basta. Machen wir uns doch nicht immer von neuem lächerlich."

Auch Käftner sah in kurzer Zeit seine Hoffnungen schwinden. Die überschäumende Jugendluft machte einer resignierten Stimmung Platz, in welcher er gern einen Vers rezitierte, den ihn seine Mutter gelehrt hatte:

Nie wünsche dir ein Glück zu groß,
Noch ein Weib zu schön,
Sonst könnt im Zorne dieses Los
Gott dir zugestehn.

Seine journaliftische Thätigkeit hörte auf, dafür vertiefte er sich in historische und sprachgeschichtliche Studien, in denen ihm J. K. Schuller ein gewogener Freund und Berater war. Wie die Wogen des öffentlichen Lebens allmählich abliefen, so wurde auch sein Leben immer mehr in das enge Bett des Kleinstadttreibens hineingedrängt. In den vornehmeren Gesellschaften Hermannstadts war er, ob er auch kein Tänzer war, ein gern gesehener Gaft. Schlank, mit ausdrucksvollem, etwas vorgeneigtem Kopfe,

konnte er sich eines feinen, weltmännischen Betragens
rühmen. In Mädchenkreisen galt er als der liebenswür=
digste Freund, der in zierlichen Versen etwa die Freun=
dinnen einladen konnte, zur gegenseitigen Überraschung
in verschiedene Farben gekleidet, rot, blau, weiß, auf
dem Balle zu erscheinen, oder einem holden Schwestern=
paar das poetische Grußgeleite zu einer Reise nach Wien gab.
Zu diesen, wenn auch angenehmen, so doch von ernsterer
und tieferer Gedankenarbeit abziehenden Beschäftigungen
kam, den Schwung seines Geistes lähmend, die Sorge um die
richtige Wahl des Berufszweiges. Im Verdruße über die
Mißstände der Zeit hatte er den Verwaltungsdienst aufge=
geben und war in den Finanzdienst übergetreten. Im Winter
1853 wurde er als Finanzkonzipist nach Broos versetzt. Hier
traf nun Alles zusammen, Mißbehagen über Wohnung
und Gesellschaft, der Mangel an geistiger Anregung, die
Unzufriedenheit mit seiner öden Berufsarbeit, um die
Zeit seines Brooser Aufenthaltes möglichst unerquicklich
zu machen. Besuche seines ältern Bruders Heinrich, damas
k. k. Bezirksvorstehers in Puy, an dem er von Jugend auf
mit warmer verehrender Liebe hing, waren Lichtblicke für
ihn in dieser Zeit. Auch einige sächsische Gedichte ent=
stammen diesem Aufenthalte. Sie tragen in der Gedicht=
sammlung den Sondertitel: „Lieder und Sagen aus dem
Westen." Wenn sie auch in Form und Ausführung den
übrigen gleich stehn, so mangelt ihnen doch schon die
Frische der Empfindung und Anschauung; besonders die
balladenartigen Erzählungen sind matt, mit Ausnahme
etwa des Hans Weiß, einer epischen Erzählung, die an
Uhlands Eberhardt=Balladen erinnernd, treffliche Einzel=
züge aufweist. Kästner fühlte selbst, wie er hier immer
mehr in die zwängende Uniform des Staatsbeamten hinein=
geriet. Seinen Eltern klagte er über „bureaukratische Ver=
sumpfung", daß er „in erschöpfenden, geisttötenden Lap=
palien seinen Geist langsam aber sicher ertöten sehn müsse",
und einem Freunde schreibt er: „Hättest du geglaubt, daß

ich mich jemals mit solchem Schunde würde befassen
müssen." Ein Abschiedsgedicht, das er, im Namen der
Subalternbeamten beim Abschiedsbankette des scheidenden
Amtschefs Baron v. Reitzenstein vortrug, und an dem
er selbst große Freude hatte, zeigt in seiner, wenn auch
geistreichen, so doch schwulstigen Diktion den bedenklichen
Weg, den auch sein ästhetisches Urteil einzuschlagen begann.
So war denn die im Sommer 1853 durch die Vermitt-
lung seiner Gönner erwirkte Rückversetzung nach Hermann-
stadt nach allen Richtungen hin für ihn eine Erlösung.

Noch von Broos aus hatte er die Eltern um ihren
Segen zur Verbindung mit einem Mädchen gebeten; Pau-
line, die Tochter des Dobringer Pfarrers Simonis, war
es, die ihm durch „stillwaltende Häuslichkeit, Anspruchs-
losigkeit und Genügsamkeit" das Glück der Zukunft ver-
sprach. Im nächsten Jahre führte er die Braut heim.
Es war eine glückliche Ehe; aus den Briefen des Dichters,
der oft in Amtsangelegenheiten vereisen mußte, spiegelt
sich das Bild eines trauten Familienlebens ab, das zwei
Kinder, ein Knabe und ein Mädchen belebten. In seinen
Beruf, dem er doch innerlich fern stand, hatte er sich
rasch hineingearbeitet. Nach glänzend abgelegter Finanz-
prüfung, als Bezirkskommissär zur Dienstleistung in die
Präsidialkanzlei berufen, war er die rechte Hand des
Amtschefs Graf Belby. Bekannte und Unbekannte wandten
sich an ihn um Auskunft und Vermittlung; er stand an
der Schwelle raschen Aufsteigens im Dienste, da erkrankte
er im August 1857 plötzlich an einem Nackengeschwür.
Nach 14 Tagen begrub man ihn. Er war kaum 31 Jahre
alt geworden.

Fünf Jahre nach des Dichters Tode erschienen, ge-
ordnet von der Hand des greisen Vaters, seine sächsischen
Gedichte im Druck. Sie fanden auch außerhalb des
Heimatlandes freundliche Aufnahme und Beurteilung, ob-
schon nicht alle Kritiker daran dachten, daß sie aus dem
Nachlasse herausgegeben worden waren, ihnen also die

letzte sprachliche und metrische Nachbesserung fehlte. Wenn auch nur eines von ihnen Volkslied geworden ist, so sind doch die meisten tief in das Bewußtsein des sächsischen Volkes gedrungen. Auf manchen Pfarrhöfen ist das junge Geschlecht mit und an ihnen herangewachsen, in andern Familien freilich blieben sie unbekannt und es hat volle 30 Jahre gedauert, bis die erste Auflage aufgekauft wurde. Viktor Kästner verdient es aber, vom sächsischen Volke nicht vergessen zu werden, zumal in solchen Zeiten nicht, in denen es mehr als je darauf angewiesen ist, aus dem Quickborn der eignen Dichtung sein Volkstum zu vertiefen und zu verjüngen.

––––––

Die neue Ausgabe der Gedichte Viktor Kästners hat der Verein für siebenbürgische Landeskunde veranlaßt. In seiner Absicht lag es, weiteren Kreisen diese nun schon zum Volksgut gewordenen Dichtungen wieder zugänglich zu machen. Da die der ersten Ausgabe beigegebene, vom Dichter selbst herrührende Übertragung der Gedichte ins Hochdeutsche zweifellos hinter der mundartlichen Form zurücksteht, ist sie hier nicht mit abgedruckt worden. Die erklärenden Anmerkungen werden wohl auch dem mit der Mundart weniger Vertrauten das Verständnis der Gedichte erleichtern.

Hermannstadt, im Dezember 1894.

Dr. A. Schullerus.

# Gedichte.

## Me Bēchelchen.

Näst wēr mer wol af deser Wält esi läf,
Als wänn ich nōch ängde me Bēchelchen häf;
Et rouscht und et rouscht ous der Millebāch,
Ous erläne Nēstcheren habb ed en Dāch,
Draf schōkelt be Nōchteguel sich und sāng, —
Em hīrt se färr iwer be Bobemzong.

Et fluß än em Awerche klinzich uch rīn,
Zesummegebastelt ous Mōs uch ous Stīn.
Gor munch īn Lelch, gor munch īn Rīs
Stānb längs bem Awer wangberhīsch;
Se bīchten är Blietcher, blō, rīd uch grän,
Se wūle sich guer än bem Späjel besähn.

Me Bēchelche quabbeld und probbelt bernō,
Als ōf eb en äst bun ber Ektelget sō.
Wol munch enem Mēbchen, et sīl et verstōhn,
Kēnt 't Bēchelchen äuber gāt Līren nōch sōn,

Me Bēchelchen: Mein Bächlein. — 1. läf: lieb; ängbe: immer; häf: hätte (habe); Nēstcher: Äste; Bobemzong: Gartenzaun (Grenzzaun bem Felbe zu). — 2. Awerchen: Ufer; klinzich: kleinwinzig; Lelch: Lilie; längs: neben (entlang); bīchten: beugten; guer: alle (gar); Späjel: Spiegel. — 3. quabbelt: plappert; probbelt: plaubert; Ektelget: Eitelkeit; munch enem: manch einem; sō: sage; kēnt: könnte.

Wänn't morweld und plapperd und pesperd und fleßt,
Bäs dad ed än Höf än det Kämpelche scheßt.

Bir'm Kämpel bö tschubbeld ed iwer en Stīn
Und breift zem Gespillchen e Klappmillche klīn,
Nö schußt ed upp schußt angder'm stenneränne Stéch
Und säzt sich feng-Awer und mächt sich de Wéch;
Et spillt mät de Fäschkern, als wēre se seng,
Und gliserd und fänkeld äm Sannescheng.

Äm Kämpel, ous Stīnen zesummegeråt,
Dö schwämme meng Intcher, — dåd äs ich en Fråd —
Guer hu se giel Schnäwel, en schnīweiße Leif,
Und fludbern und nuscheln zem Zektverdreif.
De Guldfäschker fitscheln u se erun,
Bekäte se frängdlich und stäwen dervun.

Doch nā äs et Wängter, de Fielder se weiß,
Me Béchelche låd angder Schnī, angder Eis,
De Lelch äs vermälzt und de Rīs äs verdrecht,
De Erle stöh kuel und de Nöchteguel schwecht,
Und allend äs stamm und äs ställ wä äm Gräf:
Ach, wänn ich nor wedrem me Béchelchen häf.

————◆————

1. morweld: murmelt; pesperd: flüstert (wispern); Kämpelchen: Tümpel; scheßt: schießt. — 2. tschubbeld: fließt rauschend; Klappmillche: Pochmühle; nö: darnach; schußt: stürzt dahin (schießen); stenneränn: steinern; Stéch: Steg; Wéch: Weg; gliserd: glitzert (gleißen); fänkeld: funkelt. — 3. zesummegeråt: zusammengereiht; Intcher: Entchen; giel: gelb; fludbern: in einem fort trinken; nuscheln: naschen; fitscheln: tändelnd heran kommen; bekäte: begucken; frängdlich: freundlich; stäwen: eilen (stieben). — 4. låd: liegt; vermälzt: verwelkt; verdrecht: vertrocknet; allend: alles; wedrem: wiederum.

# De Brockt um Ålt.

Um Ålb, um Ålb, um giele Rin,
Dō sāß e Mēdche gånz ellīn;
Gor munch īn Bål, gor munch īn Rīs
Deb Uermchen än bet Waſſer ſchmīß.

„Wat māchſt te, Kängb, um gielen Ålt?
„De Laſt äs grām, ber Wängb ſtrecht kålt;
„Wat ſchrāſt te ber beng Ůge rīt?
„Bekrittſt bich jo bäs än ben Dīt.

„„Wä ſīl ich gūlbjer Hårr! net ſchrån,
Dō angben alle meng Fråbe lån;
Dō angben än bem gielen Ålt
Dō ſchlēſt me Brebjem blaß uch kålt.

„„De Zåll bä ſånk, de Stång bä bråch,
Und Frä uch Kängb äm Waſſer låch;
Me Brebjem ſprång ze Hälf — ellīn
Der Drängel hueb e mät genīn.

„„Wō äs bet Brocktbät weiß uch wīch?
Me Brebjem låb af Läte blīch.

De Brockt um Ålt: Die Braut am Alt. — 1. giel:
gelb; Rin: Rain; munch īn: manch eine; Bål: Levkoje; Uermchen:
bie Ärmſte (bas Armchen); ſchmīß: warf. — 2. Kängb: Kind;
grām: rauh (gram); ſtrecht: ſtreicht; ſchrāſt: weinſt (ſchreien);
Ůge: Augen; bekrittſt: bekümmerſt; jo: ja; Dīt: Tob. — 3. ſīl:
ſollte; gūlbjer: lieber (golbiger); angben: unten; lån: liegen;
Brebjem: Bräutigam. — 4. Zåll: Plätte; låch: lag; Drängel:
Wirbel; e: ihn; mätgenīn: mitgenommen. — 5. Brocktbät: Braut=
bett; låb: liegt; Läte: Letten.

Wō äs der Pill mät Fronse klīn?
Seng Hīst rāhb af em Kiselstīn.


„„Dō låt e na äm schīnen Hemb
Mät Talepånchern hīsch geblemt,
Mät Birkeln drun, gor seng uch schīn,
Et wōr bet hescht än der Gemīn.


„„Dō låt e nā — tā läwer Gott! —
Verstruwelt, ōhne Madderhot,
Uch ōhne Puschen nōch derbä
Ous Rīsen uch Zitrōnebläh.


„„Dō låt e kålt, bō låt e bīt
Me Pursch geschnīselt, hīsch uch schnīt,
E wōr gor lastich, stark uch fiest
Und vun de Gåden der Allerbiest.


„„Hä wäll ich sätzen und e klōn
Und niche Schlijerbach mī brōn
Uch nichen Krällen nichen Fronz
Und īwich klōn äm meugen Honz.„"


1. Pill: Polster (Pfuhl); Fronsen: Bänder (Franse); Hīst:
Haupt; Kiselstīn: Kieselstein. — 2. schīn: fein (schön); Tale-
påncher: Tulpen; hīsch: hübsch; geblemt: geblümt; Birkeln:
Einsatzspitze (Börtel); hescht: hübschest; Gemīn: Gemeinde. —
3. läwer: lieber; verstruwelt: verrauft; Madderhot: mit Iltisfell
verbrämte Mütze; Puschen: Strauß; Zitrōnenbläh: Zitronen-
blüte. — 4. Pursch: Bursche; geschnīselt, schnīt: schlank; lastich:
lustig; Gåden: Guten; Allerbiest: allerbeste. — 5. e: ihn; klōn:
klagen; niche: kein; Schlījerbach: Brautschleier; brōn: tragen;
Krällen: Glasperlen (Korallen); īwich: ewig; Honz: Hans.

Um Ålb, um Ålb, um giele Rīn,
Dō stīhd en trourich Lecheſtīn,
Dō ſchleſt det Mēdche ſtarr uch kålt
Unb angde rouſcht unb brouſt der Ålt.

———◆———

## Wäjelīd.

Dā ſe zā de Ruckelcher
Gūldich härzet Schatzken!
Net verpramp deng Wuckelcher
Mät dem klene Gatſchken!

Bäſt te bīs unb knaufſt te mer,
Meß ich mät der bēren;
Bäſt te fromm, erziel'n ich der
Ån be Wängter Mēren:

Bun dem Månchen Dommelånk,
Dåt, mēr wōr et klinzich,
Habd e Bärtchen iellelånk,
Uge wä är zwinzich.

1. Lecheſtīn: Leichenſtein. — Wäjelīd: Wiegenlied.
— 2. Ruckelcher: Augen (nicken); härzet: herziges; Schatzken:
Schätzchen; verpramp: verdrücke; Wuckelcher: Locke (wickeln);
klene: kleinen; Gatſchken: Händchen — 3. bīs: böse; knaufſt:
greinſt; bēren: zanken; fromm: ruhig, artig; erzieln: erzähle;
Mēren: Märchen. — 4. Månchen: Männchen; Dommelånk:
Däumling; mēr: wenn auch; iellelånk: ellenlang; Uge: Augen;
är zwinzich: ihrer zwanzig.

Wä eb angb'r e Birrebliet
Ist sich hatt verstōchen
Und dem Ißen än deb Īhr
Änne wōr gekrōchen.

Uch be Mēr vum starken Honz,
Dier de Bīm kaugt bījen,
Doch e habb uch siwe Johr
Mottermälch gesījen.

Un em Dăch äß hī ellīn
Siwe Vīrel Krumpen,
Doräm kangt e Milleſtīn
Än der Hānd zegrumpen.

Wonn te härz uch īnich bäst,
Näckend mich wirst quielen,
Kēnd ich nōch en gānzen Dräst
Mēren der erzielen.

Wänn te irst nōch greßer wießt,
Wäll ich der Geschichten
Vun de Sachsen īhrefieſt
Dus ålder Zekt berichten.

Wä se sich äm Tirkeſtrekt
Ritterlich gebrangen

1. Birrebliet: Birnenblatt; ist: einst; verstōchen: versteckt;
Iß: Ochs; Īhr: Ohr; änne: hinein. — 2. Bīm: Bäume; bījen:
beugen; gesījen: gesogen. — 3. Vīrel: Viertel; Krumpen: Kar-
toffeln; Milleſtīn: Mühlsteine; zegrumpen: zerquetschen. —
4. härz: herzig; īnich: artig; näckend: niemals; kēnd: könnte;
Dräst: Haufe. — 5. wießt: wächst; īhrefieſt: ehrenfest; berichten:
erzählen. — 6. Tirkeſtrekt: Türkenstreit; gebrangen: gerungen.

Bäs de Zäkel sänkt der Zekt
Mäd es ugefangen.

Wä äm gänze Länd dersänkt
Iwerål Gepränkel,
Und gor munch ī Mängsch nō'm Wängd
Klangle let de Månkel.

Doch tā kåst bet net verstöhn,
Gūldich härzet Schatzken,
Huest beng Ügen zāgedöhn,
Schlēfst schī wä e Ratzken.

Dä es dråt, de Wädderwūlk
Widd uch dech beråhren,
Wirst uch īst fīr First uch Būlk
Schwierd uch Fädder fähren.

——•◦•——

## Weiwerträ.

„Hīr Hansgerch! Dir wärden de Kerbes net blähn,
„Bä īwijem Noppen und Grimpesker zähn,
„Mest līren, mest wåndern tā Grumpes!
„Sonst bleifst te beng Liefdäch en Tumpes!"

1. Zäkel: Ungar (Szekler); sänkt: seit; mäd es: mit uns. —
2. dersänkt: seither; iwerål: überall; Gepränkel: Zank; nō'm: nach
dem; klangle: hängen; let: läßt; Månkel: Mantel. — 3. kåst:
kannst; zāgedöhn: zugethan; Ratzken: Ratte. — 4. dråt: droht;
Wädderwūlk: Wetterwolke; widd: wird; Fädder: Feder. —
Weiwerträ: Weibertreue. — 5. Hīr: höre; Hansgerch:
Hansgeorg; Kerbes: Kürbis (Kürbis blühn sprichw. s. v. w.
etwas aufstecken, etwas erreichen); noppen: einnicken; Grimpesker
zähn: schnarchen; (Grumpes, Grimpesken: Klotz); Liefdäch: Leb-
tage; Tumpes: Dummrian.

Si rät mer me Mister, — ech döcht: ed äs klōr,
Mer äß e alt kötzegröf, etzt riedt e wōr.
Feng u mer meng Sachen ze rommen
Än't Bindel se ännen ze bommen.


Den änderte Morje glech än aller Fräh,
Dō sül ich birm Hous bum Härzlekke berbä;
Wol sāch ich et schråen uch hackzen,
Wol feng mer bet Härz un ze klackzen.


„Und sålt te derbu gōhn und sålt te ewēch
Meng Trå folgt der boch iwer Wēch, iwer Stēch;
Und sīlt te mich īwich verlossen,
Meng Läf, dä wibd nä bun der lossen.“


Ech nåhm bum Hot me Gepäschke gor hīsch,
Und gåf dem Härzlekken en Bål uch en Rīs:
Schwarz Rīs bedekt Läf, dä be trouert,
Blō Bål bedekt Trå, dä be douert.


Härzlekken dåt schrī, ech brackt ed un 't Härz,
Und matzt et bäm Urlefnien, trīst mer 'b äm Schmärz;
Et schnitt durch de Sīl allebīden,
Wat hälf et, — īst most em boch schīden.


1. rät: riet; äß e: ist er; alt: manchmal; kötzegröf: kotzengrob; etzt: jetzt; rommen: packen (räumen); bommen: hineindrücken. — 2. änderte: andern; Härzlekke: Herzliebchen; hackzen:
schluchzen; klackzen: klopfen. — 3. sålt: sollst; derbu: davon;
sīlt: solltest. — 4. Gepäschke: Blumenstrauß; bedekt: bedeutet;
dä be: die da. — 5. brackt: drückte; matzt: küßte; Urlefnien:
Abschied nehmen; trīst: tröstete; moßt: mußte.

Äm Trītscher, äm Spirkel, durch Däck uch durch Dänn,
Durchzuch ich de Längder mät hīderem Sänn;
Ich spätzt än der Fremb mer de Īhren,
Munch Nätzlijet gäf et ze līhren.


De Wält wōr mer net mī mät Bräbbre verschlōn,
Dō līrb ich de Hätzt wä de Kälben erbrōn,
Vergäß det Zesumme sich zochen
Und hängder dem Īwen ze hochen.


Doch ōhne me Lefke wōr allent mer bräf,
Ich kangt net mī bleiwen, et zuch mich de Läf
Durch Baiern, durch Sachsen, durch Bīhmen,
Durch Īstrech uch Angeren hīmen.


Und als ich nā kām bīr's Härzlefke seng Hous,
Dō sāch et gepītzt glat zem Fenster erous
Und hatt — Gott sāl mich bewōhren! —
E Krinzke vu Myrthen än Hōren.


Gott greß dich, Härzlefke si fräsch, efi hīsch,
Meng Zekt dä äs äm, sāch ich ku vun der Rīs,
Ich ku menge Kommer ze längdern,
Ich ku jo, mät bir mich ze frängdern.


1. Trītscher: Regenschauer; Spirkel: Februarfrost; Längder: Länder; Īhren: Ohren. — 2. verschlōn: verschlagen; Hätzt: Hitze; Kälden: Kälte; erbrōn: ertragen; zesummen sich zochen: zusammen kauern; Īwen: Ofen; hochen: hocken. — 3. bräf: trüb; zuch: zog; Īstrech: Österreich; Angern: Ungarn. — 4. sāch: sah; glat: grade; Krinzke: Kränzchen. — 5. sāch: sieh; frängdern: verheiraten (verändern).

Me Lefken dåt sōt: „Na wier häf då geglūft,
Dat emmend af Jerde wä tā wēr verschūft?
Säch dīrt kit me Bredjem zem fråen,
Dräm sekst te äm Fenster mich låen.

En Kirchenmous fängb em ned ärmer wä dech,
Me Bredjem äs ålt wä de Kakel, doch rech,
Det wuerden, dåt wūl mer net båen,
Wat fūl ich ä Brōden bä låen.“

Und wūlt te net wuerden und bråchst bengen Jb,
Si hu mer de Läf uch de Frängbscheft nā brīt;
Gäf hier mer, bevīr ich mich rommen,
Gäf hier mer meng Fängber, meng Blommen.

„Nā fähd em nor zā, nō wat hie nōch frōcht,
Wier hued u seng Ugedinkfel gedōcht?
Deng Rīs uch beng Vål, då gedämmelt,
Sen hängber dem Späjel verschämmelt.

Wat geng mich de schēbich Gekretzel dänn un,
Wat fūl ich et fifelen ä menger Trunn?
Ich hun et ze Flintschen zeräffen,
Än Hōf, än de Pobbel geschmäffen.“

1. emment: Jemand; verschūft: närrisch; fråen: freien. —
2. Kakel: Kokelfluß (sprichw. alt wie die Kokel); båen: zuträglich
sein (gedeihen); äm Brōde låen: im Braten liegen (Brodem).
— 3. Jb: Elb; brīt: bereitet (so sind wir mit einander fertig);
rommen: weggehn (räumen); Fängber: Pfänder. — 4. frōcht:
fragt; Ugedinkfel: Andenken; gedämmelt: verwünscht (verdammt).
— 5. schēbich: schäbig; Gekretzel: Unkraut; fifeln: behüten,
pflegen; Trunn: Truhe; Flintschen: Fetzen; Pobbel: Pfütze.

Und huest te geworfe se glab af be Mäst,
Si fähn ich nor, dat te uch bisärtich bäst.
De äntråest bäst te vu gueren,
Dåt hun ich nå lider erfueren.

Der Hemmel äs hih und be Wält bä äs welt,
Und Mëbcher bier gib et, wohänn em nor felt;
Doch webb em noch ier erblängben,
Als Trå bä bem Fräevült fängben.

———◆———

## Der Jäfer.

Wō gefaßt vu Gottes Hånb
Stöhn be Hatterthif vum Lånb,
Wō sich Fäls u Fäls erhiewen
Affen än be Wülke striewen
  Hemmelhih
  Låb e Si
  Angberm Schni,
Wä burch Zūwersprach gebangben
Än em Fälsekieffel angben.

Senge Späjel klōr uch häll
Krift uch neb eu Wasserwäll,

---

1. äntråest: untreuefte; vu gueren: von allen. — 2. webb em:
würde man; ier: eher; erblängben: erblinden. — Der Jäfer:
Der Alpensee. — 3. Hatterthif: Hatterthaufen, Grenzhaufen;
låb: liegt; angben: unten. — 4. krift: kreift.

Schnänkt det Hîft, tapscht mät de Fessen,
De Komrâten ze begressen.

Prächtich äs eb un dem Sî
Zwäsche Fälsen angderm Schnî;
Gräßlich, wä sich Sterm erhiewen,
Tousendjērich Fälse biewen!
        Wänn et bläzt
        Und be Spätzt
        Uewe rätscht!
Grampich plumpt se mäb em Räcker
Und zeplätscht än tousend Stäcker.

Schwarz wä Nôcht de Wülken zähn,
Rähich, als wēr näst geschähn,
Nor den Danner hîrd em bēren,
Dat de Fälse sich erfēren.
        Wä 't mät Môcht
        — 'b äs en Prôcht, —
        Broust uch kôcht,
Wä der Schlâch de Fälse schebbert,
Dat der Jäser bieft und zebbert.

Wä e Bießem kiert der Wängd
Wülk u Wülk eru geschwängd,
Wîmerd än de Fälsespâlden,
Dab äm Bäsch de Biere grâlden.

----

1. Schnänkt: schwenkt; tapscht: stampft; Komrât: Kamerab
(das Spiegelbild). — 2. Spätzt: Spitze; rätscht: rutscht; gram-
pich: plump; Räcker: Ruck; zeplätscht: zerschmettert. — 3. bēren:
grollen; schebbert: erschüttert. — 4. Bießem: Besen; kiert: kehrt;
wîmert: wimmert; grâlden: sich fürchteten.

Wä et souft

Wä et brouft

Dab em grouft,

Wä et brēßelb än be Bachen,

Wä de Danner angbe krachen.


Nor af īst gäscht Rēn uch Hōl,

Fällt de Sī geschwibbelt vōl,

Wä de Gēlpeden stinopplen

Wä se iwerd Āwer schwoppeln!

Wä en Blomm

Spillt der Schomm

Un bem Homm,

Unb en Båch all rouschän uewen

Rampelb än be Bieregruewen.


Doch de Wülfe se vergōhn,

Ān be Läft hieft sich der Mōn,

Unb be Niewel bä zefleffen

Unb be Waffer sich verscheffen,

Rīn uch klōr

Wä e wōr

Touſenb Jōhr

Låt der Sī — be Stärncher fänfeln

Ān be Späjel uewen zwänfeln.


1. brēßelb: schmettert, fracht; angbe: unten. — 2. gäscht:
gießt herab; Rēn: Regen; Hōl: Hagel; geschwibbelt: über=
fließenb voll; Gēlpeden: Wellen; stinoppeln: davon eilen;
schwoppeln: hinüber schlagen; Homm: (ansteigendes) Ufer;
rampelt: poltert hinab. — 3. sich verscheffen: schießen hinab.

# De Härwestfäddemcher.

De Bläbber verbrejen,
Der Härwest äs hä,
Seng Fäddemcher flejen
Um Hemmel erbä.
Se flandern unb flijern
Zesummegerafft
Unb hipern unb kijern
Sich hih än be Laft.


Se sen e Gespillchen
Dåt nemmermi riest,
Se hē sich un 't Schmillchen
Unb knebbern et fiest;
Dōmäb et kēnt låen
Äm Wängter wä dīt
Bäs 't Hälmchen vun nåem
Än b' Ousbäch erstīht.


Se dīhnen unb se sprīden
Sich ous iwer 't Field,
Unb wällen net brīben
Um Hemmelsgezielt.


Härwestfäddemcher: Herbstfäden. — 1. verbrejen:
vertrocknen; flejen: fliegen; erbä: herbei; flandern, flijern:
flattern; sich hipern, kijern: in die Höhe recken. — 2. riest:
rastet; hē sich: hängen sich; Schmillchen: Haidegras; knebbern:
knoten; kēnt: könnte; låen: liegen; Ousbäch: Frühling (Tage
der Aussaat). — 3. sprīden: breiten; brīben: fertig werden,
enden.

Wä Fähndelcher flobbern
Se hih iwrem Bäsch,
Se spillen und plobbern
Äm Stappelfield fräsch.

Um Ōwend ellīnchen
Gīht jēdet zer Rāh,
Et liecht sich un 't Rīnchen
Und bīt b' Ūgen zā.
Dō brīmb et vum Sommer,
Vum Frähjōhr gor hūld,
Dō schrād et vōl Kommer
Munch Zēhrche vu Gūld.

Und kit nō der Morjen
Und se se erwacht,
U jēdem verborjen
En Dātrēpche lacht.
Dāt gliserd und blankert
Wä Gūld esi rīn,
Dāt flinkerd ūnd flankert
Wä Ūdelgestīn.

Und wōre s' uch nebder
Bebāð und bedäfft,
Si zäh se nā wedder
Gor hīh durch de Lȧft;

1. Fähndelcher: Fähncher; flobbern, plobbern: flattern;
Bäsch: Wald (Busch). — 2. ellīnchen: allein; Rīnchen: Rain;
schrāt: weint. — 3. Dātrēpche: Tautröpfchen; glisert: glänzt;
blankert: funkelt; flinkert, flankert: flimmert. — 4. bebāt:
betaut; bedäfft: bereift; zäh: ziehn.

2

Et wieft är Geflïjer
En durchsichtich Bånd,
Dåt sprīt sich e Schlïjer
Aft ålt Sachselånd.

Si zäht dänn äm Fribben
Ir Fäbbemcher wiert,
Doch meß ich ich bibben,
Kotscht zā mer de Jerd:
Dōmät, wänn zem Fråen
Der Frähjōhrsmån kit,
Se ärre Getråen
Äm Hochzetsklīd nit,

⬥

## Mierzeklēkelchen.

Dertous do hīrd em 't rampelen,
Der Wängter meß bervun,
Meß romme sich, meß tampelen,
Dänn 't Frähjöhr kib erun.
Ä senge längden Trappcheren
Dō asentīnt deb Eis,
Unb än be klene Grappcheren
Stöhn tousend Blemmcher weiß.

1. Geflïjer: Geflatter; Schlïjer: Schleier. — 2. ich ich: ich Euch; ärre: ihren; nit: nimmt. — Mierzeklēkelchen: Märzenglöcklein. — 3. bertous: braußen; bervun: bavon; tampeln: forttrollen; Trappcher: Fußtapfen; Grapcher: Grube.

Et sen de Mierzeklekelcher,
Dä mät dem Frähjöhr kun,
Guor hu se süwer Rekelcher
Dus gräne Bläddern un.
Wä Pärlen un em Hängelchen
Bun Ängelshånd geräht,
Si hē s' un ärrem Stängelchen
Fīr Grīß uch Klīn en Frâd.


Se weiß wä Schnīpleskelcher
Ûmströhlt vum Sannescheng,
Und stöh gepīßt wä Dēkelcher
Gor īnich, härz und seng.
Se hun e klinzich Kläpperchen
Ûm Klekelche gor zuert,
Se hun e gälbä Schnäpperchen
Bu wangderbörer Uert.


Und gīht mät dūsem Pesperen
Durch 't Lånd der Mättåchswängd,
Wänn alle Läftcher flisperen
Wänn allent sängt und klängt:
Nō reft är klinzich Kläpperchen
Wat schleff und rieft eraf,
Nō schleßt är gälbä Schnäpperchen
De Blommenhärzen af.


1. Rekelcher: Röcklein; Ängelshånd: Engelshand. —
2. Schnīpleskelcher: Schneeflocken; Dēkelcher: Püppchen; īnich:
artig; härz: herzig; Kläpperchen: Klöpfel; Schnäpperchen:
Schlüßelchen. — 3. dūs: leise; pesperen: wispern; flispern:
flüstern; reft: ruft; klinzich: kleinwinzig; rieft: raftet.

Se mūtre sich gor neckelich,
Vernie se bese Lockt,
Unb pīze sich gor rēkelich
Unb mäckich wä en Brockt.
Ür Igelcher, bä zwänkelen
De blōen Hemmel un,
Dus lockter Frāde fänkelen
Vil touſend Stärncher brun.

Et lutſche Vå uch Mäckelcher
Dus ärrem Blommekielch,
Det Läſtche mächt sich Schneckelcher
Dus ärre Blietchern wielch;
Ür spīnzich Stängel bīje sich
— 'd äs ze grām ellīn —
Se nīje sich unb ſchmīje sich
Un 't Nōberblemmche klīn.

Unb wel Natūr gor ſangberbōr
Äs flichtich Liewen dekt,
Si wäßt: bet Frähjōhr wangberbōr
Dåb äs äs Jugendzekt.
De Läf äs 't Mierzeklēkelchen,
Mät biem bet Läſtche ſpillt,
De Läf e Feierbrēkelchen,
Dåb bef äm Härze killt.

1. mūtre sich: rühren sich; neckelich: hurtig; vernie se: vernehmen sie; rēkelich: sauber, ordentlich; mäckich: pfiffig, keck; Igelcher: Äuglein; lockter: lauter. — 2. lutschen: lecken; Vå: Biene; Schneckelcher: Locken; wielch: welk; spīnzich: schmächtig dünn; grām: gram; Nōberblemmchen: Nachbarblümchen. — 3. ſangberbōr: ſonderbar; dekt: deutet; Feierbrēkelchen: Feuerfünkchen; killt: glimmt.

Öfwol se nor en Zänkelchen
Glänzt se wä Dēmånt rīn,
Äm färrsten Härzenswänkelchen
Dō låd är Ädelstīn.
Se hued e klinzich Kläpperchen
Verborjen härz uch zuert,
Se hued e gäldä Schnäpperchen
Bu wangderbörer Uert.

Und äs mät sengem Flijjelchen
Der Gott der Läf es nō,
Und ströhlt Härzlefkens Ijelchen
Ä rīnem Hemmelblō:
Nō reft det klinzich Kläpperchen
Wad än es schleff eraf,
Nō schleßt det gäldä Schnäpperchen
Bil tousend Fråden af.

Wänn nichen Blemmcher zwänkelden,
Wä wēr det Frähjöhr dräf,
Wänn nichen Fråde fänkelben
Wä trourich wēr de Läf!
Dräm blähn dem Mierzeblemmche klīn
Gor munch Gespillcher wiert,
Dräm huet det Härzeremmche rīn
Munch Fråden af der Jerd.

De Rīs äs Schīnhīt, Hīderget
Äs be Rosett äm Må,

<hr>

1. Zänkelchen: Fünkchen; äm färrste: im fernsten. — 2. es:
uns; Ijelchen: Äuglein; schleff: schlief. — 3. nichen: keine;
zwänkelnden: blinzelten, winkten; dräm: darum; Härzeremmche:
Herzensraum. — 4. Hīderget: Heiterkeit.

De Lelch äs Ûſchûld, Bîberget,
De Bâl eſſin nor Trâ;
Paſſionsblomm dä lîhrt legde mich,
Dem Iw'jen zāgewândt,
Det Sîbliet dât lîhrt ſtregde mich
Fïr't härrlich Sachſelând.

Ir Blemmcher guer! net ſlähb er jō
Und grâlt vīr Wängters Nöcht,
Ûm nâe Frähjōhr blähb er jō
Uch mäd ernâter Prôcht;
Doch wänn de Lâf vergangen äs,
Bleift nor der Wîhmāt Wîh,
Und wänn uch bet verklangen äs
Nō kit ſe nemmermī.

— ◆ —

## Läwesklōch.

Ich hu mer 't geſchwīren: ich wäll eb erbrōn,
Ich wäll menge Kommer, me Lîb nemmi klōn,
Et ſâl et wol Nemment ergrängben.
Der Sommer verſlecht und der Härweſt bier kit,
Der Wängter vergīht, doch ich bleiwe bekritt,
Meng Rah kân ich nemmermīh fängben.

1. legde: leiden; Iw'jen: Ewigen; Sîbliet: Seeblatt (im Wappen der ſächſiſchen Nation). — 2. grâlt: fürchtet Euch; Wîhmāt: Wehmut; Wîh: Wehe, Schmerz; kit: kommt. — Läwesklōch: Liebesklage. — 3. erbrōn: ertragen; klōn: klagen; bekritt: bekümmert.

Uch ech habb e Frähjåhr, uch ech habb en Må,
Ich wōr wä be Morjelaft monter uch frå,
Wōr felich und gläcklich unb hiber;
Wōr räftich ze Foß unb wōr mäbich ze Rueß,
Wor flijerb äm Wängb fich meng Hōr wä der Flueß
Wä fång ich ift Liber äm Liber.

Wä fåch ich än'b Uch jō nor bir åverwånbt,
Härzlefke wä bractt ich beng fummebän Hånb,
Wä maßt ich fe webber unb webber!
Unb mät menger Motterfpröch härzeftem Loctt,
Wä beß ich bich Mēbche meng, beß bich meng Broctt,
En fchummerich Riß fåchft te nebber.

O Mēbchen! o Mēbchen! meng inzijer Stärn!
O Mēbchen! o Mēbchen! Dech habb ich gor gärn,
Wōr gläcklich, ōfwol ich gefangen;
Deng Ûgen bu langb ich, beng Härzte verftöhn,
Fir bech langb ich wögen unb Ullenb erbrōn,
Wēr für bich burch't Feier gegangen! —

Ich kånb ift en Flutter, ich kånb ift en Riß,
Der Flutter wōr mät fengem Flijjelchen hijch
Bu Blemmchen ze Blemmche geflijen.
Zem Rißken uch kåm e, zem Rißke gor klin,
Ûmplobbert et fränklich, — unb leß eb ellin,
Nōbem e fich fatt habb gefijen.

1. räftich: rüftig; mäbich: mutig; wor: wie; flijert: flatterte;
Flueß: Flachs. — 2. åverwånb: unverwandt; maßt: küßte;
härzeft: innigft; fchummrich: verfchämt. — 3. inzijer: einziger;
Feier: Feuer. — 4. Flutter: Schmetterling (flattern); hijch:
hübfch; åmplobbert: umflattert; geflijen: gefogen.

Der Flutter wōr Hie und bet Rĩske wōrſt Tā;
Sāngt dieß äs verflĩẞ meng Frāb uch meng Rāh,
Se ſe wä en Pärlſchnār zerräſſen.
O Mēdchen! o Mēdchen! nā ſtōhn ich verwīſt,
De Bånd menger Läf ſe ſen alle gelīſt,
Meng Hārz hueſt te bun der geſchmäſſen.

Und båd und beſchwur ich dich net ſīrt und ſīrt?
Ämſonſt wōr me Rōt, wōr me Bläck uch me Wīrt,
Ämſonſt ſe geſcheppelt meng Zēhren!
Tā blifſt wä verzūwert, verwängſcht wōr de Sänn,
O Schmōch dengem Äbeſtånd, ſchlußt dich un än!
Wä kēnd ich mert ånders erklēren?

Wōr ſchmĩchelnder villicht ſeng Ũch und ſeng Hånd?
Wōr häller und ſenger villicht ſe Gewånd?
Moßt tā dich un't Eißer bō kīhren?
Und wänn uch ſe Bläck vill feirijer wōr,
Und heſcher ſe Klīd und vill ſchwärzer ſeng Hōr:
Wōr ſeng Trå doch längſt ſchĩ verlīren.

O Mēdchen! o Mēdchen! wat hueſt te gedōhn?
Meng Hārz mer gebrōchen: — tā kangſt et verſtōhn
Aſ ĩwich ed un dich ze zähen.
Meng Kraft wä en Eiſeglid äs na gekrēcht,
Meng Läf wä e Stängel geknäckt uch geſchwēcht,
Un dem niche Blemmcher mĩ blähen.

1. Hie: er; verwīſt: verwaiſt; gelīſt: gelöſt; geſchmäſſen:
geworfen. — 2. geſcheppelt: gefloßen; Zēhren: Thränen. —
3. Gewånd: Gewand; Eißer: Äußre; ſchĩ: ſchon. — 4. Eiſeglid:
Kettenglied; gekrēcht: gebrochen.

Ich hatt mer't geschwīren, dich nemmi ze sähn,
Ich wūl denge Bläck, wūl deng Ugesicht slähn,
Def än be Natur mich versinken.
Doch wänn nā der Wängter verslecht und vergīßt,
Wänn 't Frähjöhr se Blommendächelche sprīt,
Dō meß ich doch benger gebinken.

Äm Blō benger Ūgen der Hemmel mer strōhlt,
De Läfzepuer äs än dem Rīske gemōlt,
Dåt birt un de Līrber sich wäckelt.
Deng Hōren, de blonden, bä zīcht mer der Ält,
Wänn 't Läftchen um Morje gor fräsch uch gor kålt
Seng Wällen, de gielijen schnäckelt.

Deng Brast sähn ich ēbmen äm Kirschebum weiß,
Deng Brast esi rīn, doch uch kålt wä beb Eis,
Dåte låd af des Schnīgeberchs Wåsem.
Und sälsst än der Nōchteguel Ōwendgesång
Dō hīrd ich beng Stämm wä en hemmlesche Klång;
De Wīhmāt zebrackt mer de Wåsem.

Doch hun ich geschwīren, ich wäll nemmi klōn,
Wäll def menge Kommer äm Härzen erbrōn.
Et sål et wol Nemment ergrängben.
Und wä mich de Läf, wänn der Gråm mich verziert,
Nō kotscht mich gor sächer en Häffelchen Ierd,
Dō schlēft et sich rähich af ängben.

——◦——

1. verslecht: versliegt; Blommendächelchen: Blumentüchlein;
sprīt: ausbreitet. — 2. Läfzepuer: Lippenpaar; Līrber: Lorbeer;
sich wäckelt: sich hinaufzieht; schnäckelt: kräuselt. — 3. ēbmen:
atmen; dåte: das da; Wåsem (Wuesem): Rasen. — 4. Kotscht:
deckt warm zu; Häffelchen: Hügel; af ängben: für immer.

# Wängter- und Frähjōhrßblemmcher.

Dertouß wä kålt, wä irkel
Gōhn doch de Wängtersläft,
Bum Niewel uch vum Spirkel
Sen alle Bīm bedäft.
Doch bläht durch 't Toppelfenster
Kē Schnī und Eis geschätzt,
E wälesch Blemmchen enster
Mer än der Stuwenhätzt.

Af sengem Fensterbrietchen
Dō stīhb et, wä gezocht,
Huet nichen hällgrän Blietchen
Ze dreiwe sich vermocht.
Et meß gor īnsem bleiwen,
Huet nichen Sästre weiß,
Als bä em un de Scheiwen
Der Wängter mōld ous Eis.

Det sekt gor härz uch fränklich
Mät sengem Ūch mich un,
Nō lāngem Wuerden änklich
Hun ich meng Fräb nā drun.

Wängter- und Frähjōhrsblemmcher: Winter-
und Frühjahrs-Blumen. — 1. dertouß: draußen; irkel:
schneidend kalt; Spirkel: Februarfrost; bedäft: bereift; Toppelt-
fenster: Doppelfenster; wälesch Blemmchen: Hyazinthe (welsche
Blume); Stuwenhätzt: Stubenhitze. — 2. gezocht: zusammen-
gekauert; dreiwe: treiben; īnsem: einsam; Scheiwen: Fenster-
scheibe. — 3. fränklich: freundlich; Ūch: Auge; änklich: endlich.

Ōfglech et klīn und spīnzich
Allkomm allkomm word wach,
Si fälld et nā doch īnzich
Meng Stuf mät Wihlgerach.

Seng Sästercher dä schlōfen
Äm Wängter nōch wä bīt;
Dier huet — se lāgen ōfen —
Se Lengbach drif gesprīt.
Dō noppt und brīmt verborjen
Äm Wirzelchen är Kraft,
Wierd af de Frähjōhrsmorjen
Und af de Mättāchslaft.

Und wänn det Frähjōhr flickelt
Mät senger Wängschelrāt,
Nō mūtert sich, nō wickelt
De Jerd, wo se gerāht;
Und durch de klinzichst Rätzker
Dō kucke se erfīr,
Är Knīpcher und är Spätzker
Dä schusse schniel empīr.

De Morjeläftcher wäken
Se guer ous defer Gruft,
Se dräse sich und sträken
Und ēbme sessen Duft.

1. spīnzich: zart, dünn; allkomm: kaum. — 2. Lengbach:
Leintuch; gesprīt: gebreitet; noppt: schlummert; wiert: wartet.
— 3 flickelt: schnalzt (mit der Rute); Wängschelrāt: Wünschel-
rute; mūtert: rührt sich; wickelt: bewegt sich; Rätzker: Ritzen;
kucke: gucken; Knīpcher: Knospen. — 4. dräse sich: dehnen sich
(nach dem Schlafe); ēbmen: atmen.

De gäldä Sanneströhlen
Än ärrer Wangderprŏcht
Dä pītzen nā und mōlen
S' än ärrer Frähjōhrströcht.

Är Blommestäck äs sūwer
Mät Wängtergrän ämfaßt,
Nŏch stärker widd är Zūwer
Durch 't Grän, des Ūgelast.
Und sälfst äm Dannerwädder
Wännt 't rēnt und stermt und hōlt,
Dō wärde Blomm uch Blädder
Vill hescher nor gemōlt.

Und wä ellīn äm Fråen
De Blemmcher härrlich blähn,
Si meß, wäll e gedåhen,
Der Mängsch änt Frå uch zähn.
De Wält zā allen Zegden
Äs īwich jang und schafft,
Se lìhrd es kämpfe, stregden,
Se stëhld und präft äs Kraft.

Dräm außen än det Liewen,
Dräm außen än de Wält!
Meßt wōge, kämpfe, striewen,
Si lång deng Härz äst gält.

1. Frähjōhrströcht: Frühjahrstracht. — 2. Wängtergrän:
Immergrün; des Ugelast: diese Augenlust; rēnt: regnet; hōlt:
hagelt; hescher: hübscher. — 3. Äm Fråen: im Freien; Mängsch:
Mensch; stregden: streiten. — 4. dräm: darum; außen: hinaus.

Wier ängden hängderm Iwen
Gemätlich noppt und hocht,
Huet nä e Wärk zem līwen,
Nä Härrlichet vollbröcht.

E kån zwōr uch äm Ställen
Des Gåden bā genach,
Wä 't Blemmche langd erfällen
Meng Stuf mät Wihlgerach;
Doch wä 'd af klenem Stängel
Nor blähd äm Stikken hīß,
Si äs et nor en Ängel
Fīr de Familiekrīs.

Doch wier net bieft und zeddert,
De Wält ze nänne seng,
Dier bleift uch ānerscheddert
Wänn uch de Wält vergeng.
Und wänn 'd uch stermt um Morjen
Um Mättåch Danner brällt,
Drīt hī doch wihlgeborjen
Ä senger Brast seng Wält.

—◆—

1. noppt: schlummert; hocht: hockt. — 2. kån: kann;
genach: genug; langd: konnte; Stuf: Stube; äs: ist. — 3. bieft:
bebt; zeddert: zittert; ānerscheddert: unerschüttert; Mättåch:
Mittag; drīt: trägt; hī: er.

# Drå Wängſch.

Ich wīl, ich wēr e Vijjelchen
Und häf e gälbä Flijjelchen
Und flich eräm all ſängän;
Und haps und ſpräng bu Būm ze Būm,
De Zekt vergeng mer, wä äm Drūm
All ſängän und all klängän.

Ich wīl, ich wēr e Strechelchen
Mät kochlich gränem Bechelchen
Dus Prōmetbiererebläbbern;
Dä īwich grän, dä īwich jang
Der Sommer hīß, der Wängter bang
Wol nämōls wibb zewäbbern.

Ich wīl, ich wēr e Wilkelchen
Und kent meng uerem Bilkelchen
Bir Sanneglāt beschätzen.
Dä wab äs äbler af der Jerd,
Als dienen, dä es läf uch wiert
Mät Leif uch Liewen nätzen.

—◆—

Drå Wängſch: Drei Wünſche. — 1. wil: wollte;
Vijjelchen: Vöglein; flich: flöge; eräm all ſängän: ſingend
umher; ich haps: ich tanzte; all ſängän und all klängän:
ſingend und klingend. — 2. Strechelchen: Sträuchlein; Bechelchen:
Bäuchlein; kochlich: bauchig, buſchicht; Prommetbier: Wach-
holder; zewäbbern: zerwettern. — 3. Wilkelchen: Wölkchen;
kent: könnte; nätzen: nützen.

## Me Gräf.

Än dem Frähjöhr wil ich hīmen,
Wänn de Kirschebīmcher blähn,
Wä mät fänkelänne Sīmen
Wilkelcher um Hemmel zähn.

Wīl erwacht zem bießre Liewen
Mät de Blemmchern aferstöhn,
Mät de Wülke mich erhiewen,
Mät de Wülke wekter göhn.

Af em Frittef äs et trourich,
Jnsem stöhn de Lecherīn
Und de Gräsker pespre schourich
Ắm de kälbe Marmelstīn.

Frängd, ach Frängd, mich ze begruewen,
Hueb er mich uch bīder läf,
Än de Guerte fieß Schäch uewen
Grueft und schoffelt mer e Gräf.

Angder de Wäld-Äpelbīmen
Mächt e Kellchen bef und kähl;
Wäll bō schlöfen, wäll bō brimen
Ōhne Riejung uch Gefähl.

Me Gräf: Mein Grab. — 1. hīmen: heim; mät
fänkelänne Sīmen: mit funkelndem Saume. — 2. Frittef: Fried=
hof; Lecherīn: Leichenrain; pespre: flüstern. — 3. bīder: als
Toten; fieß Schäch: sechs Schuh; uewen: hinab. — 4. angder:
unter; Kellchen: Grube.

Schärrt mich ä mät kålbe Schälpen
Und mät Scherren däkt mich zå,
Jerd, dä widd de Kommer dälpen,
Än der Jerd bō wunnt de Räh.

Vueter meng, mät gränem Wäsem
Kotsch mer zå de klene Rin;
Bräder meng, af menge Väsem
Scheppel mer en Lecheftin.

Und beng Zēhren loß se fleßen
Sästerchen af't Gräs gor häll,
Motter meng, zå menge Feßen
Lid e Fließken ous dem Duäll.

Hoffnung dä bedekt der Wäsem
Af dem Gräweshijjel klin,
Jugendkraft ä mengem Väsem
Stark und fiest der Marmelstin.

Und be Thrēnen, dä be fleßen,
Däde Lid und Kommer dräf,
Und de Bäch ze mengen Feßen,
Rin uch klōr, de Motterläf.

Lesten härz, dun dengem Fänger
Meßt de Rängelche mer gien,
Bleiwen hä nå nemmi länger,
Wäll deng Läf doch mät mer nien.

1. Schälpen, Scherren: Erdschollen; dälpen: dämpfen. —
2. Wäsem (Wuesem): Rasen; kotsch: decke zu; scheppel: rolle. —
3. lit: leide; Fließken: Flüßchen. — 5. dä be: die da; däde:
deuten. — 6. Fänger: Finger; gien: geben; bleiwen hä: ich
bleibe hier; nemmi: nicht mehr; nien: nehmen.

Dus vergädderdem Gespriſſel
Säck zwie Strechelcher bernö;
Säz af menge Gräweshijjel
Risker wäld und Bälcher blö.

Wänn de Bächer laſtich ſommen
Flutter ſpillen än dem Klī,
Lelje blähn und Schläſſelblommen
Waſſerjangfern zähn um Sī:

Kamm nö bä mich gänz ellīnchen,
Läf und Trå då ſen der nöh,
Dänn et blähn af mengem Rinchen
Risker wäld und Bälcher blö.

***

## Palemitzker.

Als ich än dem Schäde låch
Un er Suelwegd angden,
Hun ich genſt der Millebåch
Palemitzker fangden.
Wä ſe nīchte
Sich und bīchten,
Neſtchen än de Kämpel ſåch.

1. vergäddert: wirr, verwirrt; Gespriſſel: Reiſig, Hecke; Bälchen: Veilchen. — 2. Bächer: Bienchen; Flutter: Schmetterling; Lelje: Frühlingskrokus (Lilie); Schläſſelblommen: primula veris; Waſſerjangfern: Waſſerjungfern. — 3. kamm: komm; bä mich: zu mir; ellīnchen: ganz allein. — Palemitzker: Palmkätzchen. — 4. Schäde: Schatten; Suelwegd: Salweide; genſt: jenſeits; Neſtchen: Äſtlein; Kämpel: Tümpel.

Habbe Plemmcher wīch uch längd,
Wä e klinzich Häsken,
Dåte kēn de Frähjōhrswängd
Schnuppert mät dem Näsken.
    Ůgewäckelt
    Und geschnäckelt
Wōre se, wä klinzich Kängd.


Bächer kåme guer erun,
Hadden alle Hīsker,
Stoppten ännär Hīftcher drun
Und bekåme Rīsker.
    Wä se sommen,
    Wä se brommen,
Hīme flejen, wedrem kun.


Flutter hadden 't komm gehīrt,
Kåme se geflījen,
Flutter, dä um Blemmchen bīrt
Intern nor gesījen.
    Wä se flobbern,
    Wä se plobbern,
Pespre munch ī Läweswīrt.


Palemitzker sen erschlafft
Durch des Schmīchelåen,
Kennen alle wä verrafft

1. Plemmcher: Flaumen; Häsken: Häschen; dåte: das da; geschnäckelt: gelockt, kraus. — 2. Bächer: Bienchen; Hīsker: Höschen; stoppten: stießen nieder; ännär: ihre; kun: kommen. — 3. komm: kaum; intern: vorher; flobbern, plobbern: flattern; pespre: flüstern. — 4. verrafft: verrückt.

Nemmi rāḥich lâen.

Wä se wänken,

Wä se schnänken

Mät dem Ḥiftchen än der Laft.


Purschen! terft mer nemmermī

Palemitzker schnipsen,

Läwer sellb er fräsch uch frīh

Mät de Mēdchre flipsen.

Kennt jō spillen

Längs de Millen

Zickermandel än dem Klī.


Gangen, ir! hued er 't gehīrt?

Terft mer nichent stielen,

Sellb ed uch den ândern bīrt

Un der Huech erzielen.

Kennt jō sängen,

Kennt jō sprängen,

Bäs de Feß er nemmi spīrt.


Tummeld ich und fährt de Brockt

Iwer 'n Âlt mät Stīnchern,

Zärrd ich mät dem Ächo lockt,

Klabberd un de Rīnchern.


1. nemmi: nicht mehr; schnänken: schwenken, nicken. —
2. terft: dürft; schnipsen: mausen; flipsen: kichern, schäckern;
Zickermandel: ein Fangspiel; Klī: Klee. — 3. Gangen: Knaben
(Jungen); hued er 't: habt Ihr es; Huech: Hag; Feß: Füße.
— 4. tummeld: sputet; de Brockt fähren: ein Kinderspiel (Wasser-
männchen machen); Rīnchern: Reinen; zärrd ich: zankt euch;
klabberd: klettert.

Kennt jō schlimpern,

Kennt jō klimpern,

Dränkt und ießt ich vōl de Hockt.


Und ir Mēdcher! dänzt und tapscht

Än de Birkebäschkern,

Tampeld än de Bäch und grapscht

Nō de Ferrefäschkern.

Sellt net quixen,

Wä mät Knixen

Krabber än de Kämpel hapst.


Mēdcher! terft mer nemmermī

Palemitzker schnipsen;

Läwer sellb er fräsch uch frīh

Mät de Pursche flipsen!

Klouft ich Bälen

Kennt jō blälen

Ir Gedeis, geblicht wä Schnī.


Sächt! als Jesus zuch vōl Fräd

Än de helich Stadt ze līhren,

Dā habb allent Bülk gesträt

Palemitzker äm ze Ihren.

Dräm lot wueßen

Ännär Schueßen

Wel der Hiländ īst draf trât.


1. schlimpern: herumschlendern; Hockt: Haut. — 2. tapscht: stampft; Birkebäschker: Birkenwäldchen; grapscht: hascht; Ferrefäschker: Forelle; Krabber: Frosch. — 3. blälen: bläuelen (die Wäsche); Gedeis: Wäsche. — 4. gesträt: gestreut; lot: laßt; wueßen: wachsen; Schueßen: Schoße; īst: einst.

Lot et blähn det Palemitzken,

Dad et Bä uch Flutter matzt,

Und äm Kämpel lot det Ritzken,

Dad et brangder plotscht und ratzt:

    Bäs um Stängel

    Wä en Üngel

Palemitzkens Blietche patzt.

---

## De Waichselbim.

Bir mengem Fensterchen derhim

Ü Kierz bö stöhn zwin Waichselbim,

Versprijjelt sen är Krinen.

De Bäch rouscht äm är Wurzle fräsch

Und ämeränk stö Bink uch Däsch

Ous älde Klisterstinen.

Dä nähm ich ous er beser Kell,

De Stimpel bun der Gnödesell,

Gewäht Mari der Riuen.

Bir mengem Fensterchen derhim

Dö blähn zwin stattlich Waichselbim,

Dad alle Nest sich bijen.

De Risekiewer mät der Grunn

Und alle Farwespiller kun

1. matzt: läßt; Ritzken: Entlein; ratzt: schnattert; patzt: aufspringt (platzt). — De Waichselbim: Die Weichselbäume. — 2. Kierz: Kerz (Geburtsort Kästners); versprijjelt: ausgebreitet; ämeränk: ringsum; Stimpel: Sockel; gewäht: geweiht. — 3. Nest: Äste; Grunn: Schnurrbart (Granne); Farwespiller: Farbenspieler.

All fänkelä geflïjen.
Dä iefen Hïnch und dränken Dä,
De Härrgobbïfker fähn en zä,
Wä prôchtvōl fe fich zïjen.

Bïr mengem Fenfterchen derhïm
Dō brōn zwïn ftattlich Waichfelbïm
Bill Waichfle wä Korallen;
Ïr Quaftelcher bä hē gebäckt
Det klinzich Bruetfchelche bepäckt
De hefchten ze Gefallen.
De Knatfcher fchmätfchen, bab et knatfcht,
Gūldleiftre loffen, bab et patzt,
De Däfchmufik erfchallen.

Bïr mengem Fenfterchen derhïm
Stöhn härweftlich meng Waichfelbïm
Sälfft nōch mät Schmuck behangen.
Ïr Blietcher fe giel, rïb uch grän
De Ōwenbläftcher bä ämzähn
Se guer mät fefem Bangen;
Und pefpern en är Schlommerlïb
Bäs ïnb äm 'b änder fchlēft, wä bït,
Bum Wängterfchlōf befangen.

Bïr mengem Fenfterchen derhïm
Stöh gänz bebäft meng Waichfelbïm

1. all fänkelä: funkelnb; Hïnch: Honig; Dä: Tau;
Härrgobbïtzter: Marienwürmchen. — 2. hē: hängen; Bruet=
fchelche: Grasmücke; Knatfcher: Kernbeißer; Gūldleiftre: Gold=
amfel; patzt: knallt; Däfchmufik: Tifchmufik. — 3. giel: gelb;
pefpern: flüftern. — 4. bebäft: bereift.

Bum gräme Wängters-Spirkel.
Heb un de Nestchre wä Kryftall,
Gemieße se seng Stärncher all
Wä mäd em Zäwerzirkel.
Der Sannestrohl wä Feenhänd
Dier ftroppelb uef är Nochtgewänd,
Verschwangde sen de Schnirkel.

Bir mengem Fensterchen derhim
Dō stohn zwin stattlich Waichselbim
Äm Blommegärtchen angden.
Und wōr ich trourich, wōr 't mer gräm,
Si hun ich, wänn ich bä se käm,
Zefribbenhid empfangden.
Dräm weft uch brid af beser Wält
Mer niche Büm wä sä gefällt,
Hun nichen heschre fangden.

————◆————

## Nöchtlib.

Nä gō mer alle himen
Ze schlōfen und ze brimen,
Mer hu genach gewacht.
Mer hun es lang gerackert,
Gebrīft, geiecht, geackert,
Gearbet, bab et kracht.

1. Wängters-Spirkel: Wintersfrost; heb: hängt; ftroppelb
uef: streift ab. — 2. angden: unten; hun ich: habe ich. —
Nöchtlib: Nachtlied. — 3. himen: heim; gebrīft: (zum
zweiten Male) geackert; geiecht: geeggt.

De güldich Sann sänkt uewen
Dīrt genst dem Hengegruewen,
Dōmät se Fribben haf.
Bevīr se geng ze brīmen,
Satzt se ous Wülkesīmen
Sich nōch en Bīrten af.

De Ōwendläftcher schwämmen
Um Ālb eräm und kämmen
Seng Fläch mät längdem Hoch;
De Häster alle schlöfen
Guer mät den Ūgen ōfen
Ȳm Nästchen angderm Stroch.

De Brummes, dä vergädbern
Sich än be Bolstreblädbern
Und än dem Båekrockt;
Se biserich und brommen,
Bäs dat se lå bektammen
Bum kählen Ōwendbå.

De Bijjelcher bä schwejen
Und Lämmerwülke flejen
Mät rīdem Sūm erbä.
Dä gükeln īnd äm'b änder
Und tutzen unenänder
Und matze sich derbä.

1. genst: jenseit; Hengegruewen: Hünengraben; Bīrten: Borte. — 2. Häster: Häschen; guer: alle. — 3. Brummes: Hummel; vergädbern: verwirren; Bolstreblädder: Klette; biserich: erzürnt umherfliegend; bektammen: bektommen (erstarrt). — 4. schwejen: schweigen; gükeln: hin und her schaukeln; tutzen: anstoßen; matze: küssen.

Däckpaßich wä e Semmel
Und murrsich stihd um Hemmel
Der Mōn, als bēt e Boß;
Doch wänn de Stärncher fänkeln,
Meß e begämelt zwänkeln
En schinen Ōwendgroß.

Bill tousend Lächtcher glisern
Und flobbern nä und pisern
Mät äsichtberem Docht,
Und schnetze sich und richten
Ūr Flemmcher, äm ze lichten
Dem Peljer burch de Nöcht.

Et līt nä ōhnen Zuegen
De griß uch klēne Wuegen
Um Hemmel Gott, der Härr;
Dä fueren ōhnen Dobbern
Und ōhnen Ueß uch Kobbern
Bill tousend Melle färr.

Mät ärren Henklen allen
Flecht af nō Wihlgefallen
Det Siwegestern, de Hīn;
Em binkt, se päck um Hemmel
Und reff, fängdt se en Gremmel,
De Stärncher Griß uch Klīn.

1. däckpaßich: bickprahlend; murrsich: mürrisch; begämelt: beschwichtigt; zwänkeln: blinzeln. — 2. glisern: glänzen; flobbern: flattern; pisern: knistern; schnetze sich: putzen sich (vom Kerzendochte). — 3. līt: leitet; dobbern: rollen (Wagenräder); Ueß: Achse; Kobbern: Kobern. — 4. Henklen: Hühncher; Hīn: Henne; se päck: sie picke; Gremmel: Krümmchen.

Nä bāt sich wä e Wangber,
Verbēfelt stöh mer brangber,
De härrlich Mälchströß af.
Net Mängschekängber trånbeln
Jöhrhangbert brun, et wånbeln
Nor helich Ängel braf.

Dä wachen unb bä sorjen
Bum Ōwenb bäs zem Morjen
Af ās mät sächrer Hånb.
Unb schätzen alle Rīnen,
De Stiebt unb be Gemīnen
Äm gånze Sachselånb.

Wier fīr se Vūlk gestribben
Dem wängsche se äm Fribben
En ställ, gerāhsem Nōcht.
E brīmt bu präwe Legben
Ous gāben, ålben Zegben,
Dä nemmi webber kun.

Nä gō mer alle hīmen,
Ze schlōfen unb ze brīmen,
E gäbich Vueter wacht.
Mer lå getrīst es nebber,
Unb riesten ous, bäs webber
Der Sommermorje lacht.

———◆———

1. bāt: baut; verbēfelt: verblüfft; trånbeln (tranbeln):
säumig arbeiten. — 2. be Gemīnen: die Gemeinben (Dörfer).
— 3. kun: kommen. — 4. lån es nebber (lån nebber): legen
uns nieber; getrīst: getrost.

# Verbläht Käteblommen.

De Garlisekijjelcher
Hun nā alle Flijjelcher,
Flejen nā, wä Schnī, wä Bläh
Än der Morjelaft erbä.
Alle brō gor hīh det Näsken,
Zärre sich mät Blomm uch Gräsken
Und verslījre welt uch brīt
Wuer se nor det Läftchen brīt.

Ständen īst ä Pippeskern
Guer mät giele Knippeskern
Und be Gange mächte sich
Kätencher drous mīsterlich.
Henge se u Wegdenzwacken,
Schlusse se un Hals uch Nacken,
Uerm Garlīske word braschult
Und bermäd erämramult.

Ännär Summeтränkelchen
Hält jō ous en Zänkelchen,
Glittche schluß seng Händ u Glitt,
Wä s' ī Frängd dem ändre git;

Verbläht Käteblomen: Verblühte Kettenblumen.
men. — 1. Garlīsekijjelcher: Klettenblumenköpfchen; Bläh:
Blüte; zärre sich: zanken sich; verslījre: verflattern; Gräsken:
Gräschen; brīt: trägt. — 2. Pippesker: Häufchen; Knippesker:
Knöspchen; Kätencher: Kettchen; Wegdezwacken: Weidenäste;
braschult: durch einander geworfen; erämramuld: herumrumort.
— 3. Summetränkelchen: Sammetringlein; en Zänkelchen: eine
kleine Weile; Glittchen: Gliedchen; s' ī: sie ein.

Unb verfrängbert unenänber
Hält gor fieft beb īn beb änber,
Bäs der Rēn se hat zewīcht
Unb de Sann vermälzt, geblīcht.


Angberbieß, wä Dēkelcher
Habben är giel Rēkelcher
Ännär Sästern af em Field
Sich hīsch hemmlich uefgeschielt,
Sich juft wä mät Dull gemockelt,
Mät vergäldtem Dā gebockelt,
Unb är Zebbernōlb gor rīn
Flankert wä Kallfankeftīn.


Doch be kinzich Kijjelcher
Dä bekun nā Flijjelcher
Plomm uch Plemmchen bät verflecht
Blieb uch Stängelche verbrecht;
Meß sich bef änt Kellche bäcken
Wänn de Läftcher et zeknäcken;
Dus äs ännär Wangberprōcht.
Jr Garlise! gäbe Nōcht!


Ach, uch bech me Bilkelchen
Hueb e ftermesch Wilkelchen
Än der heschter Bläh zezouft,


1. verfrängbert: verheiratet; vermälzt: welk gemacht. —
2. Dēkelcher: Püppchen; Rēkelcher: Röckchen; uefgeschielt: ab-
geschält; gemockelt: verschleiert; gebockelt: mit dem Kopfschleier
geschmückt; Zebbernōlb: Zitternabel (Nabel zum Anheften des
Bockelschleiers); Kallfankeftīn: Karfunkelstein. — 3. Plomm:
Flaum; verbrecht: vertrocknet; Kellche: Grübchen.

En fålsch Luft bang Nicht gemoust.
All beng Glittcher sen zeråssen,
Lån zeplackt, geknïzt, verschmåssen;
Dus äs Fråtum, Bläh uch Mocht
Sachsen-Inhīt, gäde Nöcht!

Ach! beng Eise-Ränkelchen
Låt verruest äm Wänkelchen;
Nō Jōhrhangderten der Bläh
Bleift es näst vun aller Mäh;
Ändern hun de Frähjōhrs-Rīsen,
Mir se Plemmcher vu Garlīsen:
Dä verflījern äu der Wält,
Nichen Hīmet, bä es hält.

Doch net grål vīr'm Wilkelchen
Uermet Sachsevīlkelchen!
Wä em det Garlīsekelt
Īst als Blemmche wedrem sekt,
Meß de Sömkekt uch gedäen,
Kängbeskängb sich bieße fråen,
Wirst schī wedrem aferstöhn,
Wänn de Frähjōhrsläftcher gohn.

———◆———

1. gemouft: geraubt; zeplåckt: zerpflückt; geknïzt: gedrückt;
Fråtum: Freitum; Sachsen-Inhīt: Sachseneinheit. — 2. verruest:
verrostet; hun: haben; verflījern: verflattern; nichen: keine;
Hīmet: Heimat. — 3. grål: fürchte; uermet: armes; Garlīsekekt:
Blumenkeim; Sömkekt: Keim; Kängbeskängb: Kindeskinder.

# Kirewällen.

Wat līst det Kiren affen
Und wäll nor jō ewēch,
Als häf ed äst ze schaffen
Dertīwen af em Rēch?
Et tummelt sich, stinnoppelt,
Als ōf et spillrich wēr,
De Bläh um Ēhrche stroppelt
Sich uef vun āgesēhr.

Wat wäll et dänn bō īwen?
Äs Lächt uch Laft net seng?
Und hueb et dänn dertīwen
En heschre Sannescheng?
Kän et sich dän net drinken
Bum Dā äm Ōwendrīt
Und gib em net ze schinken
De Jerd seng bäjlich Brīd?

Et huet det net erwījen
Äs frīh nor, wel et frā,
Seng Hälmcher gōn und bījen
Und sō sich allerlā.
Verpusern uch seng Hērcher
Sich hä uch bō ald īst,
Si hu sich ännär Ēhrcher
Doch ängde frā gelīst.

Kirewällen: Kornwellen. — 1. ewēch: hinweg;
dertīwen: droben; Rēch: Berg; tummelt: sputet; stinnoppelt:
eilt fort; spillrich: spiellustig; Ēhrche: Ähre; stroppelt sich uef:
streift sich ab. — 3. erwījen: erwogen; verpusern: zerzausen; ald
īst: manch mal; ängde: immer.

De Wilkelcher, de hällen,
Zäh mäb em än be Wät,
Et plotschelt wä de Wällen
Unb wibb boch näckenb mäb;
Um fräe Morje schanbert
Et schīn äm Fästgewånb
Unb Blieb u Blietche flanbert
Glatt wä e Segbebånb.

Unb wä be Hälmcher rännen
Unb lūfe wä ber Wängb,
Si glecht unb ähnbelb ännen
Deb uerem Mängschekängb;
Mer erren unb mer schwånken,
Än ennem hin uch hier,
Et brōn es be Gebånken
Hīh iwer Bärch uch Mier.

Unb hēb em, wä bet Kīren,
Uch un be Scherre fiest,
Wäll em sich bennich rīhren,
Wier äs, bier ängbe riest?
Eb äs en Durchenånber
Um Thrīn, wä äm ben Hierb,
En Tummeln, e Gewånber
Af Gottes hīscher Jerb.

1. mäb em: mit ihm; Wät: Wette; plotschelt: wogt; näckent: niemals; schanbert: schlenbert; flanbert: flattert; Segbe= bånb: Seibenbanb; — 2. lūfe: laufen; uerem: arm; erren: irren; än ennem: immerfort; hīh: hoch; Mier: Meer. — 3. hēb em: haftet man; un be Scherre: an ben Erbschollen; ängbe: immer; riest: rastet; Gewånber: Herumwanbern.

Bäs dat mät senger Sächel,
Der Härr der Garwe kit,
Vum Rēch, vum Thuel, vum Bächel
Seng Blemmcher alle nit,
De Ēhre sich, de reiwen
U Garwen hīmen brīt,
Und nor de Stopple bleiwen
Zetålpt, geblīcht uch bīt.

———❖———


## Vum bīsen Hanz.

Wōr der Hanz en angem Gang,
E gebläcktich Fratzen,
Mäd er bīser, spätzer Zang,
Grōwe Bierepratzen.

Se Gesicht wōr gånz zekratzt
Riwen hä, dīrt Bellen,
Afgeschrangen und zepatzt
Vum ze villen Hellen.

Word für eggel Kneist, e Grål,
Wärlich zem Spektakel,
Und em heß en iwerål
Johann Schmutziakel.

1. kit: kommt; Bächel: Hügel; de reiwen: die reifen; brīt: trägt; zetålpt: zertreten. — Vum bīsen Hanz: Der schlimme Hans. — 2. angem: böse, schlimm; gebläcktich: gewettert (Blitz). — 3. Riwen: Wundenkruste; Bellen: Beulen; afgeschrangen: aufgeschrunden: Hellen: Heulen, Weinen. — 4. eggel: eitel; Kneist: Schmutz; iwerål: überall.

Seng Frä Motter wūl en zwōr
Spānesch īmōl ropschen,
Hanz verguß munch bätter Zōhr,
Bäß e 'r langb entglopsen.

Seng Härr Vueter wūl em 't Hōr
Mäd er Strijjel kämmen,
Doch der Hanz märkt, wad et wōr,
Waßt en ze ämkrämmen.

Se Präzäpter wōr īst drun,
Tichtich en ze kniwweln,
Doch ās Hansel lef dervun,
Brocht sich net ze stiwweln.

Ün be Schīl geng e net gärn,
Dischkolāre läwer,
Doch zem Spillen uch zem Zärrn
Hatt e grīßen Äwer.

Wōr derhīm komm zem erbrōn,
Wōhrhaft e Bīsackes,
Doch, wänn e be Lätz fūl sōn,
Ängden ī Getrackes.

Lockt den Hīnen af be Lech
Ober lāch ä Brōben,

<hr>

1. ropschen: reiben; entglopsen: entschlüpfen. — 2. äm-
krämmen: umkrümmen. — 3. kniwweln: auf die Tatzen (Finger)
hauen; stiwweln: stiefeln (sich sputen). — 4. dischkolāre: neben
die Schule gehen (lat.); zärre: zanken. — 5. Bīsackes: schlimmer
Range; Lätz: Lektion; Getrackes: Gestotter. — 6. lockt: läutete;
ben Hīnen af be Lech: ben Hühnern auf die Leiche (die Füße
hin und her schwenken).

4

Waßt näft du gelirbem Zech,
Hälf sich durch erröden.


Net färr dun der Katzenhäll
Wōr se Läflengsplätzlen,
Än dem Pitziknōchespäll
Schurr e sich se Kätzlen.


Statt de Lätz ze līre geng
Äs Härr Hanz spatzären,
Kratzeld iwer alle Zeng;
Wōr båd e Schmidlären!


Dōcht ned un be Kummer klīn
Mät be rīde Meiskern,
De Korrex, gebāt zem Līhn
Fīr esollen Zeisker.


Seng Härr Līhrer munt mer en:
„Hanz te mest mer līren,
Wirst munch birkä Bījelchen
Sonft mät Gusto kīren.“


Doch der Hanz bier lef ewēch,
Geng vill läwer bueden,
Zuch sich ous bäm Millestēch
Af de fräsche Mueden.


2. Katzenhäll: Ofenwinkel; Pitziknōchespäll: Würfelspiel
aus Lammknochen. — 3. Schmidlären: herumschlendern. —
4. Korrex: Karzer (lat.); esollen: solche; Zeisker: Zeisig. —
5. munt: mahnte; birkä Bījelchen: Birkenbretze; kren: kosten.
— 6. bueden: baden; Mueden: frisch gemähtes Gras.

Sprong än't Waffer, plotfch uch plotfch,
Tankt fich necklich uewen,
Schwäm eräm wä e Klowotfch
Angderm Millegruewen.


Bīr fe Liewe geng e gärn
Un de Woßleng affen,
Schnitt fich Kläppelcher dun Tärn
Nōch mäb åndre Laffen.


De ierbftämmä Gīßelftäf,
Zwälkä Pipperīhrcher,
Und bīr allem wōr 'n em läf
Pīpfä Wegbeflīrcher.


Seng grīß Gīßel heß Erweift
Häf der känne lichten,
Schnipft gor munch īn Honnefreift,
Schmäß fich brun ze flichten.


Lutfcht unb knuecht zem Zektverbreif
Gärn um Åmpertftängel;
Ōh! der Hīrfch wōr langhärr reif
Fīr den Hanz Bäfch=Ångel.


1. necklich: plöhlich; Klowotfch: Kaulquappe. — 2. Woß=
leng: junger Wald (wachfen); Kläppelcher: Knüttel; Tärn:
Kornellkirfche. — 3. ierbftämmä Gīßelftäf: Peitfchenftiele aus
Baumftämmchen; zwälkä: vom Schlingbaum; Pipperīhrcher:
Pfeifenröhre; pīpfä: pfeifend; Wegbeflīrcher: Weidenflöten. —
4. Erweift: Eure Weisheit (Titel der Dorfälteften); Honnefreift:
Hanfbund; Schmäß: Schmiß am Peitfchenende. — 5. lutfcht:
faugt; knuecht: nagt; Ampert: Ampfer; der Hīrfch wōr reif:
die Hirfe war reif. (Sprichwort).

Stull de Fugrescher Tabak
Dem Papa vum Rīhmchen,
Dimpt und pippt zem Schabernack
Un dem Häffelsīmchen.

Onkel ruf em: „Te wirst kränk!
Pippst te, bleifst t' e Stībes";
Hanz stipiȥt zem hīschen Dänk
Der Frä Tant en Hībes.

Bun dem Hanz kangt Greis uch Kängb
Munch ī Stäck erzielen,
Hī kangb Älber, Bräder, Frängb,
Ousgezīchent quielen.

Wä s' en ned alb īst — au weh! —
Webber 't Näsken knärrden,
Moßt em nōch ä senger Nēh
Fast kathōlesch wärden.

Gäs eb e Getuef, Gehell,
Moßt e uch mät kreischen,
Und si vill e kangt det Mell
Ous de Fälbe reißen.

Riebt und läs em nor en Zell
Moßt uch hī brän tscharkzen,

Wä e Brēchschelt geng em 't Mell
Gåf ed äst ze quarlzen.

Riebtst te en vernäftich un,
Moßt e dich untorren,
Wä en ächt Kartschunnen-Hunn
Rangt e sich afporren.

Wōr e bisrich Sturreback
E wōhrhaftich Torben,
Trampelt riechts uch länks, zic zac,
Mät beschännde Lorben.

Mächt ben Agerāhsemen
Richen Schånd äm Schmätzen,
Fräh bäs Ōwends hīrd em en
Flūre, tettle, plätschen.

Schlach eräm sich wä e Fäsch
Gåf et Ramesōri,
Hapst und tueft und krīsch äm Bäsch
Af em Schīl-Grigōri.

Wo em e licht Bandel träf
Wōr der Hanz ze fångben;
Wonn et gät Gesällscheft gåf,
Rommt e sich vun hängben.

1. Brēchscheckt: Hanfbreche. — 2. untorren: anschnauzen; Kartschunenhunn (Hunnen): Putterhahn; afporren: aufblasen. — 3. Sturreback: störrischer Kerl; Torben: störrischer Kopf (Kästner); Lorben: Schuhe. — 4. Agerähsemen: Ferkel; tettle: tuten. — 5. tueft: tobte; Schīlgrigōri: Gregoriusfest. — 6. rommt e sich: verzog er sich.

Batschelt gärn ä Lïhm uch Muer,
Dō hälf niche Rieden,
Moßt de Pebblen alleguer
Än de Ügen trieben.

Wä bäm Keneng David låch
Seng Gewåld äm schmogdern,
Kangt de Mäsch vum Kirchendåch
Bums! eruewer sogdern.

Klabbert Näster ouszenien
Än em Witz af d' Erlen,
Ärger kangt bä 'm Pïla gien
Niche Rïhrïß berlen.

Weller knauft und bläkst wä hï
Krokodillen=Zöhren?
Weller kangt gewätzt wä hï
Klepsch uch Pïla sören?

Ståch uch än de Rōkestuf
Se firwätzich Näßken;
Bä de Mēde, Puff af Puff,
Gåf et Spåß af Späßken.

Moßt se alle nō der Råh
Drokeschen und hätzen,

1. batschelt (ä Lïhm uch Muer): (in Lehm und Moraſt)
herumwühlen, kneten; Pebbel: Tümpel. — 2. schmogdern:
schleudern; Mäsch: Spatz; sogdern: schleudern. — 3. klabbert:
kletterte; Pïla gien: Ball werfen; Rïhrïß: Rohrdommel; berlen:
brüllen. — 4. bläkst: weint; Klepsch: ein Kinderspiel. — 5. Rōke=
stuf: Spinnstube; bä de Mēde: bei den Mägden (erwachsenen
Jungfrauen). — 6. drokeschen: herzen; hätzen: aufhetzen.

Sech mäb allen ōhne Schå,
Āverschämt bekätzen.

Ärjert se alb īst zem Scheng,
Däck word en det Krēpchen,
Knappt det Susken und de Treng
Mät dem Zōp un't Zēpchen.

Wo de Mai noppt, zocht e sich
Un den Jwen unnen
Und ous Roß gor mīsterlich
Mōlt e'r stattlich Grunnen.

Gåf dåd e Gejux, Gelēch,
Bänōh zem Zepatzen,
Munch Schlöftåsert kangt sich rēcht
Hängder 'n Jhre kratzen.

Stull der hīscher Nōberän
Haspel, Späll uch Nōken,
Habb en ījä Fortel brän,
Klåcher ze verzōken.

Ouszelīsen wūl als Fånd
Às Härr Hanz e Matzken,
Doch mäd ämgebrēhder Hånd
Åntferd em se Schatzken.

1. bekätzen: sich zu thun machen. — 2. Krēpchen: Kröpfchen;
knappt: knüpfte; Treng: Trine; Zōp: Zopf. — 3. Mai: Marie;
noppt: schlummerte; zocht: kauerte; Grunnen: Schnurrbart.
— 4. Gelēch: Gelächter; Schlöftåsert: Schlaffsack. — 5. Späll:
Spindel; ījä: eigenes; Fortel: Geschick; Klåcher: Knäul; ver-
zōken: verwirren. — 6. Matzken: Küßchen; ämgebrēhder: um-
gedrehter; åntfert: antwortete.

Wänn em dich uch säcke let
Aller Jrt uch Ängden,
Kēnst t' ä sīwe Gemīnen net
Sengesgleche fängden.

Oh! em nēhm be Wäld um Hals,
Gēf et lockter Hanzen;
Dō meßt em näst ånderb als
Fängtern uch kuranzen.

Dänn der Hanz lieft sīrd und sīrt
Pustijer und wester,
Dō hälst niche fränklich Wīrt
Nichen Kirch nōch Prester.

D' Älder habben nichenfalls
Ännär Frāden un em;
Nåhm zeliezt be Wäld un Hals,
Näst mī wīß em vun em.

Nit boräm ir schatzich Lekt
Un em en Exämpel,
Sonst ersofft er, vīr der Zekt,
Än dem Sängbekämpel.

Säht net mät besangbrer Gonst
Nor af Ūch und Muegen,
Wärdt ich Hof uch Heiske sonst
Durch be Gorjel juegen.

---

1. let: läßt; Jrt: Ort. — 2. lockter: lauter; näst åndert:
nichts anders; fängtern: rügen; kuranzen: strafen (coram nehmen).
— 3. pustijer: toller; fränklich: freundlich. — 5. nit: nehmt;
schatzich: liebe; Sängbekämpel: Sündenpfuhl.

Sähd af irrer Liewensströß
Ämeränk ald äkent,
Und genëßt nor jō mät Möß,
Mät dem Ächtel näkent!

———◆———

## De Rīß.

### Kängd.

Rīsebliet! — Rīsebliet!
Hältst mäb Undōcht de Gebiet.
Bäst zesummen hīsch gefålden,
Wä mir Kängd be Hängdcher hålden,
Äklichennet pespert dun en
Wänn de būs Bietklōke munnen:
„Ich bä klīn, meng Härz äs rīn,
Nemment, nemment sål brä wunnen,
Als der Hīlånd nor ellīn.“

### Rīsebliet.

Kängdchen härz! ach Kängdche feng!
Bieben ze dem Bueter meng,
Wänn de Mierzeklēkcher zinglen,
Wänn de Klōkeblemmcher klinglen
Wird mer däck me klinzich Krēpchen,
Schrå dun Dā e gülbich Trēpchen,
Bieben īnich spēd uch fräh,
Flichten af me klinzich Zēpchen,
Schlōsen ä mät Blomm uch Bläh.

1. ämeränk: ringsumher; Möß: Maß; Ächtel: Achtel
(altes Hohlmaß). — De Rīß: Die Rose. — 2. mir: wir;
äklichennet: jedes; būs: leise; munnen: mahnen. — 3. härz:
herzig; bieben: ich bete; schrän: ich weine.

### Jangfer.

Rīseknīp! — Rīseknīp!
Alle mäd er gräner Gīp!
Lelje stöhn und toppelt Bålen
Nor bu färnst, als öf se grålen.
Wä s' af ärrem Stängel wicklen,
Wä se schnänke, wä se flicklen,
Måchen ich är Komplimänt.
Sorcht nor, sorcht mät irre Kickeln,
Dad er nichent mer beschännt.

### Rīseknūp.

Mēdche meng! ach Mēdche meng!
Loß mich blähn äm Sannescheng!
Terfst mer niche Bliet zebräcken,
Niche Stängelchen zeknäcken.
Hueft beng Fråd brun, doch ze pīzen,
Läf und Ōchtung änzeflīzen,
Hun dich gärn doch alle Lekt:
Woräm sīlt te mich zeknīzen?
Gänn uch mir meng Jugendzekt.

### Mån.

Rīsebläh! — Rīsebläh!
Bå uch Flutter kun erbä,
Ous dem Kielch den Dā se flubbern,
Und äm Hīnch sich såt ze bubbern.

1. Rīseknīp: Rosenknospen; Gīp: Jäckchen; schnänken, flicklen: schwanken, sich bewegen; beschännt: verletzt (beschunden). — 2. terfst: darfst; änzeflīzen: einzuflößen; zeknīzen: zerdrücken; gänn: gönne. — 3. Rīsebläh: Rosenblüte.

Un dem Stroch ous alle Rätzen
Kucken hällrīt Rīsemätzen.
Wä äm Wängd bet Nestche fōcht!
Ō! em meß eb angberstätzen,
Sonst zeknatscht et nōch vīr Prōcht.

### Rīs.

Starker Mån! starker Mån!
Mēchst uch benger Bläh bich från!
Mēchst uch bengem Bīlkchen nätzen,
Dich äm Nemment sonst bekätzen!
Bun be Fråben, vun ben zuerten
Blähn uch bir vill tousend Uerten,
Bläht boch uch be Būlk, en Rīs,
Un bes Bueters Bīlkerguerten
Ängben īnesch hīsch uch griß.

### Greis.

Rīsestōk! Rīsestōk,
Un bem weiße Wängterrōk!
Uefgespärrd und uefgeschummelt
Huest te bich brän ägemummelt,
Gånz bu Blädbern ägebråßelt
Stīßst te bō, — en uerem Schäßelt.
Ach! wä schochert bich ber Reif,
Wänn et rēnzelt, wänn et schnäßelt,
Dobberst te um gänze Leif.

3. uefgeschummelt: abgefunden; ägemummelt: eingewickelt;
ägebråßelt: überbeckt; Schäßelt: Scheusal; rēnzelt: plätschert
(Regen); bobberzt te: zitterst du.

## Rīsestōck.

Uermer, uermer ålber Mån,
Meß em ned äm Ålber schrån?
Än em Wänkelche geknutzelt,
Låd em bō, gezocht, gewutzelt.
Doch näst kå jō īwich bleiwen,
Gråm uch Ålder meß versteiwen,
En nå Liewen dich belihnt:
Wä uch mir fräsch Blietcher dreiwen,
Wänn'd äm Fråhjōhr afentīnt.

---

## Sachsesch.

Wä? ich sīl net sachsesch rieben,
Sachsesch binken, sachsesch bieben?
Öh! dåt rēt mer nor e Fånd! —
Sachsesch Mälch hun ich gesījen,
Sachsesch hued em mich erzījen;
Kub und fählt mer af den Zånt!
Sachsesch riet meng īnnich Schatzken,
Gib af sachsesch mer se Matzken:
Bän e Sachs äm Sachselånd!

Bän ich net hīsch grīß gewueßen?
Wä e Pießken afgeschueßen

---

1. schrån: weinen; gezocht: zusammengekauert; versteiwen:
verstieben; afentīnt: auftaut. — S a c h s e s c h: Sächsisch. —
2. rēt: rät; kut: kommt; īnich: herzig; gib: giebt; Matzken:
Küßchen. — 3. Pießken: Pfropfreis.

Schnïd und fräsch äm kähle Må,
Säht! dåt kit bu gäbe Lïhren,
Hälb als Kängb se nöch än Ïhren:
„Bäst e Sachs, bäst stark unb frå!"
All dä Wïrt se mer gebliwen,
Sen äm Härzen def bekliwen:
Motterlïhre bleift em trå.

Uch meng Lïhrer habbe mēhlich
— Gott, der Härr, haf alle sēlich —
Jwer mich en grïß Gewålt;
Hu mer bun be gāben Ålben
Munch Exämpel vïrgehålden,
Munch Geschichtche mer erzåhlt;
Wäll, wä sä, zā allen Zegbden
Sachsesch binken, hånble, stregben,
Hun är Beld mer vïrgestält.

Wäll, wä sä uch sachsesch rieben,
Sachsesch än be Ügen trieben
Uch mēr wem, — wänn et se moß.
Alle Plinzker, dä sich bäcken,
Wïmre, wänn ich se zeknäcken,
Sachsesch angber mengem Foß.
Fluttercher, dä wekter zähen,
Gien be Blemmchre, wä se blähen,
Sachsesch ärre schïne Groß.

1. schnïd: schlank; bekliwen: beklieben. — 2. mēhlich:
allmählich; Beld: Bild. — 3. mēr wem: wem immer; Plinzker:
Pflänzchen; wïmre: wimmern; angber: unter; Fluttercher:
Schmetterlinge; schïne: schönen.

Af gāt sachsesch gīht me Frängbchen,

Det gebläcktich Ōwendwängbchen

Bä bet Rīsken än be Gaß;

Huet ze kumpern, huet ze hobblen,

Sachsesch quabble se unb probblen,

Ōh! bō gīb et Spāß af Spāß.

Sachsesch prīplen alle Blädder,

Sachsesch mâcht bet Dannerwädder

Bläh uch Blemmche wutschlichnaß.


Alle Quälle, Bēch uch Brännen,

Alle Fließter sachsesch kännen;

Uch den Ālb, e Sälwerbånd,

Hīrd em sachsesch bēre, ramplen,

Īwer Stīn uch Fälsen tramplen,

Kib all morwelä gerånt;

Uch be Burzen ägerīpelt

Bun ber Hätzt, hīrt, wä se prīpelt

Sachsesch än bem Burzelånd!


Än bem Rīsnerlånd bertīwen

Rouscht be Bistritz — kennt mer't glīwen —

Sachsesch iwer Sånd bu Gūld.

Uch båb ålt, båt bīs Spektakel,

Dä gebämmelt Frä, be Kakel,

Sachsesch tueft se unb ramult.


1. gebläcktich: gewettert; gīht (än be Gaß): geht (in die
Gasse, zum Abendbesuch); kumpern, hobblen: schachern, handeln;
quabblen: gurgeln; probblen: plaudern. — 2. bēren: murren,
zanken; Burzen: Burzenbach bei Kronstadt; ägerīpelt: einge=
rüttelt. — 3. Rīsnerlånd: Rösnerland (Bistritz); Kakel: Kokel
(sprichw. alt wie die Kokel); gebämmelt: verbammt; tueft: tobt;
ramūlt: rumort.

Hīren ich se kōche, schouren,
Mēß ich ärre Mån bedouren;
Ach, Härr Mīresch! haf Gebuld! —

Wūlke, wä se sich begēnen,
Wä se trītsche, gäsche, rēnen,
Schlabbre sachsesch ohne Wätz.
Uch der Danner, är Gevatter,
Brammt und tueft, bålb lockt, bålb matter,
Sachsesch durch de Wūlkerätz.
Wä ās Spräch — kån em se fassen —
Sachsesch trēfen, sachsesch passen,
Zackt und schlīd und zängdt der Blätz.

Alle Vijjelcher dä tschīpsen
Und är Kängd äm Nästche pīpsen
Sachsesch, känne sich verstöhn.
Hīrd er bīrt de Leister bēren?
Nöchteguel erzild ich Mēren
Bun der Fraila Gūldfädröhn.
Sterch uch Riejer se weis Härren,
Sachsesch pronkle sich und zärren
Mäsche, Jänke, Schnäp uch Spröhn.

Båche greßt sich mät dem Brummes,
Akkurat, wä Hanz uch Tummes
An dem Schinkes af'm Muert.

1. Mīresch: Maroschfluß. — 2. begēnen: begegnen; trītschen
(langsam) regnen; gäschen: (scharf) regnen; schlīd: schlägt; zängdt:
zündet. — 3. Leister: Amsel; bēren: zanken; Gūldfädröhn:
Goldfeder (im Märchen); Riejer: Reiher; pronkle sich: zanken
sich; Spröhn: Staare. — 4. Båche: Bienchen; Brummes:
Hummel; Schinkes: Wirtshaus.

Bächen, — e gedämmelt Zēcher
Schinkt än Tschokeladi=Bēcher
Dā vu wanderbōrer Uert;
Kån: „Hälf Gott, Herr Brummes!" sprēchen,
Dier verstīht be Groß bäm Zēchen,
Brammt: „Haf Dånk" sich än be Buert.

Und ir wīlt mich iwerläſten,
Mir meng ſachſeſch Sprōch verquäſten?
Wuerb, ir Härren, noch e Stäck!
Kånnt beſpētle mich, beſchummeln,
Pileſch, zäkleſch bīr mer brummeln
Allerhånd mät — ski und knek —
Gōb ir Härrn! ich hun ze bibben,
Gōb und lot mich boch äm Fribben,
Dänn e Sachs drehb ich be Räck.

Frå mich, bab ich ſachſeſch rieben,
Als e Sachs frå af kån trieben,
Bleiwen 't bäs zem lietzten Hoch.
Hu ſ' ās Īrbnung uch zewäbbert,
Āse Fråhītsbum entblädbert,
Sprōch und Glūwe bleift es boch!
Kennt ās ålt gāt Rēcht zetrieben,
Sachſeſch wibb em boch nōch bieben
Terſen nō der Väter Broch.

—◆—

2. verquäſten: verwirren, verbittern; beſchummeln: be=
ſpötteln; -ski, -knek: Endſilben polniſcher und magyariſcher
Wörter (zu Beginn der 50-er Jahre waren viele polniſche
[gallizianiſche] Beamte in Siebenbürgen verwendet); lot: laßt.
— 3. Īrbnung: Ordnung; Glūwen: Glaube.

## Me Sachselånd.

Wä fīl ich dich net gärn hun
Tā īnijet Sachselånd?
Tā huest mich jō gebīren
Und gåfft mir vill gåt Līhren
Und lītft mich un benger Hånd?
Tā drachft mich jō af ben Hängben
Und boräm bleiwen ich ängben
Dir trå, tā me Sachselånd!

Wä fīl ich dich net gärn hun
Tā īnijet Sachselånd?
Bän burch be Wält geflījen
Bä welt uch brīt gezījen,
Bu Morje bäs Mätternöcht;
Und kiwerd und kottert nö Schäzen,
Doch hun ich un alle Pläzen
Un dech, tā me Lefke geböcht!

Wä fīl ich dich net gärn hun,
Tā härrlichet Sachselånd?
Der Hemmel äs be Bīrten,
Et blankern un allen Īrten
De Stärncher als Flindercher brun.
De Sann uch ber Mōn fen beng Bietfchen

Me Sachselånd: Mein Sachsenland. — 1. fīl:
follte; hun: haben; hueft: haft; brachft: trugft; bleiwen ich:
bleibe ich; ängben: immer. — 2. kiwert: wühlte; kottert:
fuchte; nö: nach; hun: habe. — 3. Bīrten: Borten (Kopfpuz
ber Jungfrauen); Flindercher: Flimmergold; Bietfchen: Perlen.

Et flandern als Virteflietschen
Vill gälbä Wülken erun.

Wä sīl ich dich net bewangberu,
Tā Lånd, wä en Jangfer gepīßt?
Te brīst e Schirßke vīren
Dus hällem, gränem Kīren
Mät Pärle vun Dā gesīmt:
Et flinkert de Klībchen und fänkelt,
Mät farwige Blemmchre gespränkelt;
Wier häf sich et hescher gedrīmt?

Und wänn ber de Wängter bråen,
Tā īnijet Sachseländ,
Nō hēt de Klīd um Rīhmchen,
Tā brīst, en uerem Imchen,
En Hembche bu weißer Ponz;
Bäs bad alle Bijjelcher sängen
Und ber än den Ousbäjen brängen
En Puschen, e Rīsken, en Fronz.

Und Allent kib ouszestaffiren
Als Brockt dich, me Sachseländ.
Et wirkt ber benge Schlījer
Des Niewel se Geflījer,
Deng Bockelnōlde se Sī'n,
Deng Hieftlen zärt Härmestadt, Krīnen,

---

1. Virteflietschen: Zopfbänder. — 2. Schirßke: Schürzchen;
Kīren: Korn. — 3. bråen: bräuen; uerem Imchen: armes,
verlassenes Kind; Ponz: Leinwand; än den Ousbäjen: im
Frühling (Austage, Tage der Aussaat); Fronz: Spiße, Franse.
— 4. kib: kommt; Geflījer: Geflatter; Bockelnōlden: Bockel-
nadeln; Sī'n: Seen; Krīnen: Kronstadt.

Bill Stiedtcher und Märt und Gemīnen
Dä flankern als Üdelgestīn.

Wä fīl ich dich net gärn hun,
Tā inijet Sachselånd?
Uf Wisen und äm Bäschken
Dō flichst te de Gepäschken
Dus Blemmchren hīschgestålt;
Und drīst trat Niewel uch Spirkel
Doch ängden en sälwräne Girkel
Um Leif, dengen härrlichen Ålt.

Wä kēnd ich dä bun der loffen
Tā inijet Sachselånd?
Deng Mouren uch Pastån
Üm Schutt känne se lån,
Loß brēßlen drif de Sterm!
Deng Burje, se kännen zefallen
Und än benge Fråbräfen allen
Loß såt se sich knuegen de Werm!

Meßt hescher uch fråer wärden
Tā inijet Sachselånd,
Meßt härrlich dich erhiewen
Bäst jō äm Bīlkerliewen
E fänkelän Üdelgestīn.
Te wirst und meßt dich entfålden
Und ängde prāwer dich hålden,
En Pärl än der Kīserkrīn.

——◇——

1. Märt: Märkte. — 2. äm Bäschken: im Busch; Spirkel: Frost;
Girkel: Gürtel. — 3. kēnt: könnte; brēßelen: krachen, brausen;
såt: satt; knuegen: nagen; Werm: Würmer. — 4. ängde: immer.

## Drå Ängelcher.

Drå Ängelcher gōhn Hånd än Hånd
Bun Hous ze Hous äm Sachseländ;
Und klöpen un en iklich Dir
Und bidden äm e klī Quatir,
Und wier se nid än't Stiften än,
Huet Hemmels Sejen rechlich brän.

Drå Ängelcher gōhn Hånd än Hånd
Bu Field ze Field äm Sachseländ,
Und wier sich tummelt, rafft und schafft,
Bu Fräh bäs Ōwends ned erschlafft,
Sich rin bewöhrt vir Sängd uch Schüld,
Dem gie se Kire, schwer wä Gülb.

Drå Ängelcher gōhn Hånd än Hånd
Bu Blomm ze Blomm äm Sachseländ,
Und streche se mät Farwen un,
Und hoche seßen Ōdem drun,
De uerem Wisker ze erfräen,
Dien Helich Chräst näst bränge kån.

Drå Ängelcher gōhn Hånd än Hånd
Bu Bům ze Bům äm Sachseländ.
Und wuer se gōhn, und wuer se sähn,

Drå Ängelcher: Drei Englein. — 1. iklich: jeglich;
klī: klein; Stiften: Stübchen; brän: drinnen. — 2. tummelt:
sputet. — 3. hoche: hauchen; Wisker: Waisen; bien: denen.

.

Dō meſſen touſend Bīmcher blähn,
Dō gib ed Jbſt en Ügelaſt
Dad alle Nēſt zeknatſche faſt.


Drå Ängelcher gōhn Hånd än Hånd
Bu Stōk ze Stōk äm Sachſelånd;
Domät, wier fleißich ugepackt,
Und ſengen Wängert krockt und hackt,
Äm Härweſt un der Weimer päckt
Und mäb em Drank ſeng Härz erquäkt.


Drå Ängel ſchätzen Hånd en Hånd,
Me Lefken uch äm Sachſelånd;
Bill heſcher wä geblickt Gedeis
Färſt ſich ſeng Hals uch Nacke weiß,
Seng Läfze rīt, ſeng Üge blō,
Näſt Härrlicheret gib et jō!


Und ſen de Ängel ech bekånt,
Dä drå ous åſem Sachſelånd?
Ōh frōcht net, dänn er kännt ſe jō
Se drō ſich weiß uch rīd uch blō,
De ſachſeſch Ängel allen drå,
Se hīßen Äſchůld, Läf uch Trå.


Dä ſorje fïr es åverwåndt
Et bläht durch ſe det Sachſelånd;


1. Jbſt: Obſt; Nēſt: Äſte. — 2. Stōk: Weinſtock; Wängert:
Weingarten; krockt: jätet. — 3. Lefken: Liebchen; Gedeis: Wäſche;
Läfze: Lippe; näſt: nichts; gib: giebt. — 4. frōcht: fragt; drō:
tragen.

Wier än der Braſt ſe nierd uch brīt,
Dem gie ſe Sējen, Fråd uch Brīt
Und Schīnhīt, dä be nä vergīht,
En Härz, dåd ängde rāhich ſchlīt.

Dräm gōhd ir Ängel Hånd än Hånd
Bun Hous ze Hous äm Sachſelånd!
Und klōpt er u mēr wellem Dīr,
Et ſtīhd ich frå, er huet Quatīr,
Dä wier īch nid än't Härz uch Hous,
Dem gīht der Sējen näckend ous.

---

## Wånderlaſt.

Et kå mich net behålben
Derhīm me frå Gemät,
Et ſtächt mer wä den Ålben
Det Rīſen äm Geblät.
Nō villen erre Fuerten
Kåm hier är Hīſke frå,
Und måcht ſich zā em Guerten
Des rējich Weſtenå.

Ich kå nā nemmi bleiwen
Ä mengem Bueterlånd,
En Drängen uch en Dreiwen
Zecht mich vu Lånd ze Lånd.

1. nierd: nährt; brīt: trägt; gie ſe: geben ſie; ängde: immer. — 2. u mēr wellem: an welchem immer; näckend: nimmer. — Wånderlaſt: Wanderluſt. — 3. rējich: bergig; Weſtenå: Wüſtenei.

Dō äs de Loft vill schiner
Und klorer gånz gewäß,
Dō äs der Hemmel riner,
Wō 'd ängde Sommer äs.

Det Blemmchen iwerwängtert
All blää, blō uch rīt,
Und nichen Schnīloft fängtert
Det Bäh du senger Wīb;
Doch hä, vergīht der Sommer,
Äs allend ousgehielcht
Und schlēft be Wängterschlommer
Und Blomm uch Bliet verwielcht.

Hä bueben und hä pobbern
Nor Mäsche sich äm Sånd
Und Krōh uch Ēlstre plobbern
All krezän durch det Lånd:
Dō sängen tousend Vijjel,
Dō flīt be Nōchteguel,
Dō pīzt sich det Geflijjel
Mät Farwen ohnen Zuel.

Äm Sommer stīht beschnäßelt
Hä nōch der Gïzembrich,
Bu Wülken ägebräßelt,
Der Surul schouerlich.

1. schiner: feiner. — 2. all blää: blühend; fängtert:
(strafend) vertreibt; ousgehielcht: ermattet, abgemagert (von
Hunger und Arbeit); verwielcht: verwelkt. — 3. pobbern:
(pustend) baden; Mäschen: Spatzen; Krōh: Krähe; all krezän:
krächzend. — 4. beschnäßelt: beschneit; Gïzembrich: Götzenberg
(bei Hermannstadt); ägebräßelt: überdeckt; Surul: Surulgebirg.

En äverdräjlich Pängel
Äs fälfft der klīn Zabeng,
Zerreißt mäb wäldem Drängel
De Bräcke, Blinken, Zeng.

Dīrt ftohn, e Wältmirakel,
Der Ätna uch Vefuv,
Spå Feier zem Späktakel
Und dannern, em wibb būf;
Vill fälwrä Fließker fchlimpren,
All prīplän durch bet Field,
Und plapperen und klimpern,
Deb īn uch b' änder mielt.

Hä pränkle fich unb zärren
Drå Vilker, et git Mēr,
Se ftiße fich wä Färren,
Als kēm 't vun āgefēhr.
Se rackre fich, fe murken,
Int mächt bem ändern Nīt,
Und hun boch komm ze hurken
Derhīm en Remmel Brīt.

Į Vūlk vu Gläck ämfangen,
Bläht bō ä Jugendkraft,
Huet fich de Preis errangen
Ų Konft uch Wäffenfchaft.

1. Pängel: Bengel; Zabeng: Zibin; Drängel: Wirbel. —
2. fälwrä: filbern; fchlimpren: fchlendern; prīplän: plaudernd;
mielt: mahlt. — 3. pränkle: ftreiten; zärre: zanken; Färren:
Stiere; kēm 't: käme es; āgefēhr: ungefähr; rackre: plagen;
murken: quälen fich ab; hurken: fchlingen, beißen; Remmel:
Stückchen.

Längst stattliche Ruinen
Blähn bō de härrlichst Stiedt,
Bu muerije Geminen,
Wä äs äs nichen Ried.

Et wässen uch de Bijjel
Bun besem Wangderlånd,
Hun oft mät zuertem Flijjel
Sich bōhänne gewåndt;
Et summle sich än Zäjen
De Schwälfter ännär Hier
Um Kirchenbåch und fläjen
Färr ämmen, iwer 't Mier.

All gūklän und all wejän
Äm Härwest zähn de Sterch,
Und brängle sich all flejän
Hīh iwer 't Schnīgeberch.
Se säcken ånder Mängschen,
Se sîhne sich nō Rāh,
Mer sähn en nō und wängschen
En gläcklich Strōß derzā.

Wä wil ich mäb e wåndren
Und ängde wekter zähn,
Bun ennem Ångd zem åndren
Des härrlich Wält besähn!
Wä webb ich mich erhiewen
Durch mängschlich Konst und Prōcht

1. längst: neben; muerije: morastigen; Ried: Rede. —
— 2. bohänne: dorthin; Schwälfter: Schwalben; färr ämmen:
weit hin. — 3. all gūklän und all wejän: schaukelnd und
wiegend; säcken: suchen. — 4. ängde: immer; wä webb: wie würde.

Und bef äm Herze biewen
Vīr Gottes Wangdermöcht!

Doch, wänn der Schnī zerrampelt,
Wänn't nemmi eifich kålt,
Wä Storch uch Riejer tampelt
Um bankelgielen Ålt,
Nō kem ich änklich webber
Än't Sachfeländchen hīm
Und bēt den Eissack nebber
Und heng mer'n un be Rīhm.

Und wänn be Schwälfter bāen
Är Näftche fich ous Muer,
Är plommich Jange rähen
Äm Fribben alleguer,
Nō bā ich mer en Heisken
Um Ångb bun der Gemīn,
Me Schatz, en uerem Meisken,
Wunn mät mer brän ellīn.

Dō wīl ich em erzielen,
Wä't gīhb uch än der Fert,
Wä fich der Mängsch meß quielen
Und boch e jeber errt,
Bäs bat nō villem Wåndern
Se reft en Bueterhånd,
Dä fährt se nō enånder
Än'b īwich Hīmetlånd.

---

2. zerrampelt: zufammenfchmilzt; änklich: enblich; Eissack: Querfack. — 3. Muer: Lehm; bā: baute; Meisken: Mäuschen; wunn: wohnte. — 4. Fert: Ferne; errt: irrt; reft: ruft.

# Fabiniß Dīd.

Bä Pischki un der Sälwer=Sträll
Dō hadden äs Jäjer e Juegen,
Dō låt munch Pīrschken än dem Sånd,
„Adē! Adē! tā Sachselånd!“
Dō schlōfe se angber ben Huegen.

Bä Pischki un der Sälwer=Sträll
Äm Stermen der vedderst vun Allen,
De Bīß um Arm äm wälde Strelt,
En Kugel fluch em durch de Selt:
Si äs äs Fabini gefallen.

Bä Broos, um Ängb vum Sachselånd
Dō gruewe seng Frängb em e Kellchen,
Äs sieß Schäch def und drå Schäch brīt,
Se liejen drän en Katner bīt,
Ze schlōfen und riesten e Welchen.

Bä Broos um Ängb vum Sachselånd,
Def angber bem Häffel ous Wäsem,
Dō schlēft e nā e Räckelchen,
Dō drīmt e nā e Stäckelchen,
Spīrt niche Bekribnes äm Bäsem.

Fabiniß Dīd: Fabiniß Tod. — 1. Pischki: Ein Flecken
am Strellfluß in Siebenbürgen. (In der Schlacht bei Pischki
empfing das sächsische Jägerbattaillon 9. Februar 1849 seine
Feuertaufe. Hier fiel auch Theodor Fabini, ein reichbegabter
Jüngling, ein Jugendfreund Käftners.) Huegen: Hecken. —
2. vedderst: vorderste; Bīß: Büchse; fluch: flog. — 3. Kellchen:
Grube; Katner: Helden, Soldaten. — 4. Häffel: Hügel; Wäsem:
Rasen; e Räckelchen: ein Weilchen; Bekribnes: Bekümmernis.

Ir Gangen än dem Sachselånd
Hīrd af nā ze klōn uch ze fängen,
Genst sengem Hijjel — dad er't wäßt —
Dō wiß em vun de Schmerze näst,
De Sorje, se messe verklängen.

Ir Mēdcher än dem Sachselånd
Wat bängd er Gepäschker än Ihren?
Wat flicht er Krinz ous Wängtergrän,
Fabini wibb se nemmi sähn,
Äm kännd er se nemmi verīhren.

Ir Metter än dem Sachselånd,
Wat schråb er blādich Zēhren?
Diem angden äs et wīhl ze Māt,
Dier angde schlēft gor wangbergāt,
Er terst ich ned erfēren.

Ir Männer än dem Sachselånd,
Wat kroust er de Sterren ä Fålden?
Det Liewen äs jō wä en Drūm,
Et salle vun dem Liewensbūm,
De Hīschen, de Jangen, de Ålden.

Et salle Knospe, Blied uch Bläh,
Verwielcht vun de Strechen uch Bīmen,
Et fällt de Frucht vum Nästche reif,
Si gīhd uch Mān, uch Kängd uch Weif
Derīnst, wänn der Hemmel rest, hīmen.

1. Hīrd: hört; klōn: klagen; näst: nichts. — 2. bängd er:
bindet Ihr; Gepäschker: Sträußchen; Wängtergrän: Immergrün;
nemmi: nicht mehr. — 3. schråb er: weint Ihr; angden: unten;
terst: dürft. — 4. Sterren: Stirne; de Hīschen: die Schönen. —
5. Nästche: Ast.

Doch, wå der Bům äm Frähjöhr stiht
Vōl Bläten uch Knospen uch Bläbber,
Si wibb uch īst äs Nation
Gor wangberhärrlich aserstöhn,
Traß Stermen uch Bläß uch Gewädder.

Unb dä bä Piski un der Sträll
Fīr't Sachsevīlkche gefallen,
Dä schäßen es mät Gīsterhånd;
En Ångel fīr det Sachselånd
Bäst tā, ō Fabini, vir Allen.

❧

## Liewensglechneß.

Längst der Hill
Stīhb en Mill
   Un em bese Gruewen,
Unb det Räb
Nåckend mäb,
   Tankt än't Wasser uewen.
Wasser ous der Millebåch,
  Mielt be gånze, låwen Dåch.

Ån dem Bäsch
Stīhb en Däsch
   Ous em Sånbstīn simpel,

---

1. wibb: wird; Gewädder: Gewitter. — Liewensglech-
neß: Lebensgleichnisse. — 3. Hill: Hohlweg; nåckend:
niemals; tankt: taucht. — 4. Bäsch: Wald.

Rähd und rieft
Eisefiest
   Af em Scheftimpel.
Däschken bätt sich än em Jöhr
Imōl nor, doch wangderbōr.

Af dem Ült
Räckend grält
   Tinzelnd ās Tschinackel.
Mät der Zäll
Spilt de Wäll,
   Mächt sich e Getackel.
Der jang Färjer sekt er zā,
Lacht und slīd ä gāder Räh.

Un der Huech
Kuckt en Suech
   Durch de Erlebläbder,
Dăch uch Nōcht,
Dat se fōcht,
   Siecht se Dannebräbder.
Dannebräbder weiß wä Schnī
Dreiwe niche Blietcher mī.

Mängsch uch Mill
Ach! hu vill
   Mäh uch Ramesüri,

1. Scheftimpel: Eichenstamm; Däschken: Tischlein. — 2. grält: fürchtet sich; Tschinakel: Kahn; Zäll: Plätte (Zülle); mächt sich e Getäckel: nestelt an ihm herum; Färjer: Ferger; slīd: pfeift. — 3. Huech: Hecke; Suech: Sägemühle; fōcht: faucht; siecht: sägt; Dannebräbder: Tannenbretter; niche: keine. — 4. Ramesüri: Unruhe, Plage.

Wä der Däsch
Än dem Bäsch
    Sälden nor Grigöri;
Und det Liewe wä de Wäll
Äs bàld dräf und äs bàld hàll.

Äs eb ous,
Äm en Hous
    Terfst te dich net kämmern,
Än der Suech
Un der Huech
    Fängd em Hülz zem zämmern;
Ous sieß Dannebräddre glat
Màcht em der de Dibelad.

━━◆━━

## Der helich Kräst.

En Däckelbach bu Schnī uch Eis
Làd af'm Sachselàndche weiß,
Bum Mūterhūf, dier drangder wickelt,
Sen alle Fielder schwarz gepickelt;
Nor hä uch dirt stīhd än der Läft
En Dästelknūp bum Reif bedäft,
Se Bärtchen äs bum Wängd zerrīst,
Verstruwelt schnänkt e mät dem Hīst.

1. Grigöri: Grigoriusfest (Maifest). — 2. terfst: darfst, brauchst; sieß: sechs; Dibelad: Sarg (Totentruhe). — Der helich Kräst: Der heilige Christ. — 3. Däckelbach: Bettdecke; Mūterhuf: Maulwurf; Dästelknūp: Distelköpfchen; bedäft: bereift; schnänkt: schwenkt.

Wänn allend af em Field entstökt
Wibd ed än Dorf uch Stiedte lockt,
Dō hīrd em alle Klōke klängen
Und alle Wält „Purnatus" sängen;
Bum Kirchentorn än der Gemīn,
Dō sänkle Lächtcher häll uch rīn,
Als ōf det Flemmche sälwent wäßt,
Hekt kām zer Wält der helich Kräst.

Doch Ōwends, wänn em gīht zer Rāh
Und glīwich bīt de Ügen zā
Wänn näst mī tueft und kreischt und bremmert
Und uch det Schnīlächt zāgeschemmert,
En inzich Stärn ä senger Prōcht
Erlicht de knäckschwarz banklich Nōcht,
Nō kit der helīch Kräst gerāut
Mät Bären durch det Sachselånd.

Seng klinglä Rießker alle hun
En Zūm bun Ādelstīnen un,
Äm ärre Leif und Nacken spillen
Dus Segd uch Summet härrlich Sillen;
Mät Gūld sen alleguer beschlōn
Und alle sälwrä Schällcher brōn,
Se klibbedunzich wä en Mous,
Schlōn alle mädich hängden ous.

1. entstökt: erstarrt; Purnatus (ein Weihnachtslied) (puer
natus est); hekt: heute. — 2. glīwich: gläubig; näst mī: nichts mehr;
bremmert: poltert; zāgeschemmert: düster geworden; kit: kommt;
mät Bären: mit Viergespann. — 3. hun: haben; Sillen: Geschirr;
beschlōn: beschlagen; klibbedunzig: kleinwinzig; mädich: mutig.

Bum Kischken dreïft, wat e getän,
De Rueß als Knecht der Näjöhrsmän,
E plätscht und guecht se durch de Grappen,
Äm Schnī erkennd em komm de Trappen,
Und haizt und hoizt, bärjous, bärjän
Und gihd et schwēr, fi schlīt e drän,
De Schnīwēht spīrt de Schlidde komm,
Dier schängzeld iwre wä en Plomm.

Der helich Kräst hält Puff af Puff
Bänöh vīr jēder Rōkestuf;
E schmeißt de Knechte Brēser Nutschen,
De Mēden Zackerwärk zem lutschen,
Und wō e fängdt en Bellesch lān,
Dō stumpt e'm alt de Schisemän
Patzböl mät Gorrekneddlen un
Und patzt de Dirr und rennt dervun.

Und gid et Kängd äm Hous dertän,
Schloppt e durch't Schläffellōch erän,
Sackt än de Frommen tousend Sachen;
Des Morjest gid et vill ze lachen:
E Mukeschken, en Zäckelchen,
E būwlän Zinnebäckelchen,

1. Kischken: Kutschlade; guecht: jagt; Grappen: Gruben;
haizt, hoizt: treibt rechts und links; schängzelt: gleitet (schwan-
kend); Plomm: Flaum. — 2. Brēser Nutschen: Brooser Nüsse;
de Mēden: den Jungfrauen; Bellesch: Kloß; lān: liegen; Schise-
män: Stiefel; Gorrekneddel: Roßäpfel; patzt: wirft zu. — 3. gid
et: giebt es; schloppt: schlüpft; sackt än: bescheert; de Frommen:
den artigen (Kindern); Mukeschken: Kälbchen; Zäckelchen, Zinne-
bäckelchen: ein Zicklein, Ziegenböcklein; būwlän: baumwollenes.

En Kipekratzer, schwarz vum Roß,
Und en Hanzwurst, bier hapse moß.

Hä gib et Heisker, gib et Stiebt,
Dīrd en Kalluger, bī be biet,
E Rueß zem zotzlen mäd em Motschken,
En Kräm äm Ställche mäd em Botschken;
Und allent beb ous Zackerbīch,
Mär Äpel uch uch Birre wīch
Und gälbän Nutschen ōhnen Zuel,
Doch äwännich sen alle huel.

Und än der Mättent stīhd e Būm,
Erbīrgezūwert wä äm Drūm,
Dō segd em hangbert Lächtcher blankern,
Vill gälbän Äpelcher bru flankern,
Derlängst e Bach, e Rēkelchen,
Ous Fugeresch en Dēkelchen
Und fīr det bīs Gekängbsel gāt
Bīrm Späjel nōch en Birkerät.

O! märkt ich eb ir gülbich Kängb,
Wänn ich der helich Kräst äst brängt,
Terst er net zwänklen und näst sähn,
Sonst wibd e ich un den Ihren zähn;

1. Kipekratzer: Rauchfangkehrer; hapse: hüpfen. — 2. Kalluger: romänischer Einsiedler; biet: betet; zotzlen: traben; Motschken: Füllen; Kräm: Sau; Botschken: Ferkel; Zackerbīch: Zuckerteig; mär: mürb; äwännich: inwendig. — 3. Mättent: Mitte; seft em: sieht man; derlängst: daneben; Dēkelchen: Püppchen; Gekängbsel: Kinderschaar. — 4. Kängb: Kinder; äst: etwas; zwänkeln: blinzeln; näst: nichts; Ihren: Ohren.

E schmeißt ich, dad er glech erblängt,
E Tipche Sålz än'd Ůch geschwängd,
Schloppt durch det Rīhrlōch ous em Hous
Und kraxelt bä der Kīp erous.

Der helich Kräst e kit gerånt
Mät Bären durch det Sachselånd,
Karlīzt durch Tanken und durch Grappen,
Ům aller Wält det Mell ze stappen;
Und wuer e kid und wuer e gīht,
Seng segnend Hånd hälb ousgebrīt:
Dō kån em Sachsewihlstånd sähn
Und sachsesch Tugenden erblähn.

Kam uch bä mech, mēr wier te bäst,
Und sack mer än tā heljer Kräst,
Gäf åndre Gield uch Gůld uch Gäder,
Si will se wängsche mät dem Fäder,
Mir schink en Härz fīr Bůlk uch Rēcht,
Erhålb mer rīn uch āgeschwēcht
En hidre Sänn, de Kängde glech,
Dänn ärrer äs det Hemmelrech.

—◆—

1. Tipche: Häufchen, so viel auf die Fingerspitzen geht;
Rīhrloch: Ofenloch; Kīp: Rauchfang. — 2. Karlīzt: fährt;
Tanken: Lachen; stappen: stopfen. — 3. bä mech: zu mir;
mēr wier: wer immer; Fäder: Wagenfuhre; schink: schenke.

6*

## Zem Uefſchid.

Te wälld ewēch, te gĩhſt dervun,
Bekritt ſähn alle Frängd dich un
Und bräcken der deng Bräderhånd,
Tā reſſt: „Abē! me Sachſelånd!“

Und wuer te gĩhſt und wuer te kiſt,
Mēr wohär dengen Urlef niſt,
Dō wängſcht — wel't nā getrånt ſe moß —
Der Jang uch Ålb en ſchĩne Groß,
De Bĩm, de Strechelcher, det Mōs
Se peſpren der en gläcklich Strōß;
De Blemmcher än der Blommenā
Dä ſchnänke mät dem Hĩſt derzā.
E Bliet verkräppelt und vōl Bügen
Nie ſe als Schnetzelbach vir b' Ũgen,
Neb ĩnte ſich enthålde kån,
Se ſähn än d' Jerd und ſchrån, und ſchrån.

Färr gĩht deng Strōß, de Wälb äs wekt,
Doch iwerål gib et gät Lekt,
Und iw'rål äs der Hemmel blō
Und Låf uch Trå, dä ſen der nōh;
Doch errſt te färr ä Preußens Lånd,
Dink alt zeräck un't Sachſelånd.

Zem Ueſchĩb: Zum Abſchied. (Dem Freunde W. Mi-
chaelis aus Preßburg ins Stammbuch.) — 1. ewēch: hinweg;
bekritt: bekümmert. — 2. wuer: wohin; Urlef: Abſchied; peſpre:
flüſtern; ſchnänke: nicken; Schnetzelbach: Schnupftuch; ſchrån:
weinen; Lekt: Leute. — 3. iwerål: überall.

Dink un't Geberch, dåt sälwerweiß

Drīd en Barēk ous Schnī uch Eis;

Dink un be Bränncher eisich=kålt,

Uch un ben bankelgielen Ålt,

Unb un be Harrbåch, ben Zabeng,

De Kakel uch mäb ärrem Weng;


Dink, wä be Burch vum Fälse kuel

Graß uewe sekt af Dorf uch Thuel,

Wä ämeränk be Fließker schlimpren,

Unb wä be Klingelcher hä klimpren,

De gälbän Torreknīp hä zwänklen

Unb hīsch gekrippt be Wülke sänklen;


Dink, wä ās Blemmcher īnzich blähn,

Sich alleguer äm Wåhr besähn,

Wä tousenb Bächer äm se brammen,

En allerlå än 'b Ihrche sammen,

Dink, wä ber Flutter äm se spillt,

Sich ous em Blommekielch bekillt,

Unb gånz betimpest uch bekimmelt

Sich af e Birreblietche limmelt,

Wō en e grampich Håst zetapscht,

Dier nō em Troppchen Huewer grapscht.


Dink, wä be Hirten tettle, plätschen,

Ŭr Botschker än dem Ăker schmätschen,

---

1. Geberch: Gebirge; drīd: trägt; Barēk: Perücke. — 2. graß:
finster; ämeränk: ringsum; schlimpren: hinschlenbern; Klingel=
cher: Glöckchen; Torreknīp: Turmknöpfe; gekrippt: gekräuselt,
gefaltet. — 3. Wåhr: Weiher; bekillt: betrinkt; betimpest, be=
kimmelt: berauscht; Håst: Gaul (Hengst); Troppchen: Büschel
(Gras, Hafer); grapscht: erfaßt. — 4. tettle: tuten; Botschker:
Schweinchen; Ăker: Ecker.

Wä 't Motschke Gräs uch Sōm zetinzelt,
Ǟ Läte sich de Bäffel winzelt,
Det Mukeschke knauft, wä e Kängd,
Wel et seng Mottero net fängdt,
Wä un der Huech de Īße gīpfen,
Und af 'm Zong de Mäschen tschīpfen,
De Kekesch krēhn, de Hīne gakzen,
Ǟn der Gemīn de Fratze mackzen,
Wä ännär Älder mäd e bēren,
Se mät dem Pitterbier erfēren,
De Bīse mäd em Rätche gäcken,
De Angemen zem Muerlef schäcken.

Dink, wä ās Mēd, en Ügelaft,
Det Hieftlen brīd af zuerter Braft,
De Bīrten af'm Hīft zeräck,
Und e blond Zēpchen äm Genäck,
Geflicht mät Masche, Fronse, Flietschen;
Um Hals huet se sieß Rähe Bietschen,
Um Leif en Kebbel weißgeblīcht,
Ǟm die sich e schwarz Schīrzke schmīcht,
Mät Gūld de Nummen draf genēht:
Gor rēklich äs en sachsesch Mēd,

---

1. Motschke: Pferdchen; zetinzelt: zertänzelt; Mukeschke:
Kälbchen; Mottero: Mütterchen; Ịße: Ochfen; Mäschen: Spatzen;
Kekesch: Hähne; Hīne: Hühner; mackzen: plärren; Älder: Eltern;
bēren: zanken; Pitterbier: Bär (als Schreckpopanz); erfēren:
erschrecken; gäcken: schlagen (jucken); Muerlef: Mahre (Schreck=
dämon; sprichw. gánk zem Muerlef). — 2. Mēd: Magd, Jung=
frau; Hieftlen: ein runder, sehr großer Silberschmuck, der wie
eine Medaille auf der Bruft getragen wird; Bīrten: Borten
(Kopfschmuck); Maschen, Flietschen: breite, farbige Bänder;
Bietschen: Perlen; Kebbel: Frauenrock; rēklich: sauber gekleidet.

Drīt steifer sich wä e Rīsestōk,
Gepīßter wä en Glibberbōk.
Wä glänzt um Foß der Kreiselschach
Und angdrem Arm bet Psalmebach.

Dink uch, wä sich ās Fräe mocklen,
Mät pärlbesatzten Nōlde bocklen,
Zer Kirch sich än be Kīrsche mummlen,
Derhīm sich än der Wirtscheft tummlen,
Nor alb um Sangtich ze vill prīplen,
Det Krockt äm Däppe losse rīplen,
De Hausfrä af der Līhmbånk hocht,
Wō Nōbrän sich u Nōbrän zocht,
Wō munchīn Nīna wibb gerächt
Munch Tålpesch mät der Gaß beschächt.

Dink un ās Ålde sälwergrō,
Dink un ās Männer uch dernō,
Wä rijjelsem sich alle rackren,
Und wä se brōchen, brīsten, ackren,
Alb īst sich mät ben Zäklen zärren,
Und alb en Krōhefoß gät knärren
Und Sachse bleiwe, schlēcht uch rēcht,
Und nicher let vum ålbe Rēcht.

1. Glibberbōk: Glieberpuppe; Kreiselschach: ein leichter Stiefel mit gefalteter Röhre; Psalmebach (Zalmebach): kirchliches Gesangbuch. — 2. mocklen, bocklen: sich mit dem Schleier und „Bockelnadeln" schmücken; Kīrschen: Kirchenpelz mit steifem Kragen; prīplen: schwatzen; Krockt: Sauerkraut; äm Däppe: im Topf; rīplen (ärīplen): einkochen; Nīna: Muhme; gerächt: (rügend) erwähnt; Tålpesch: Tölpel; mät der Gaß beschächt: in den Mund der Leute gebracht. — 3. rijjelsem: rührig, wacker; brīsten: ackern; Krōhefoß: Krähenfuß, Schimpfname für fahrendes Gesindel.

Dink, wä 'm alb īst hä trånbelt, tuefelt,

Dink, wä ās fachfefch Sprōch verquuefelt,

Und wä ās Härz boch betfch uch rīn,

Wä lodter Güld uch Äbelstīn.

Und bräckt en Detfcher ber be Hånd,

Vergäß boch net bet Sachfelånb;

Bekist te ber bertous e Schatzken,

Dink uch alb un e fachfefch Matzken;

Bekist te ber en nåe Frängb,

Eränner dich un ās gefchwängb;

Und dinkst t' un Härmeftabt zeräck,

Dink uch u mech en Ügebläck.

———◆———

## De Gifter.

Wänn Nōchts kēn Zwelwen allent rieft,

Nō hīrd em faft, wä 't Gräske wießt;

Der Håft, bier fonft um Plach meß dåfen,

Kå fich berhīm all fchnuerchän dråfen.

    Der Häzel ellīn

    Dier treppelt um Rīn,

    Kå nōch neb äfchlōfen

    Und hält b' Ügen ōfen,

    Hīrt neb af ze fängen,

    Ze hapfen, ze fprängen.

„Ta Tummrian klener, wat tuefft te dänn hä?

Hait! fchlopp än be Stifken, än't Näft bä be Frä!"

1. trånbelt, tuefelt: fäumig arbeitet; verquuefelt: unklar, unverftänblich; bekist: bekommft; Matzken: Küßchen. — De Gifter: Die Geifter. — 2. kēn: gegen; wießt: wächft; Håft: Gaul; dåfen: ziehen; dråfen: behnen; Häzel: Heimchen; tuefft: tobft; hait: auf; fchlopp: fchlüpfe.

Doch schlīt Punkt Zwelf de Torrestangd,

Wiecht sich de Gīsterwäld entzangd,

Dus Rätzkre, wō de Jerd zeschrangen,

Ku Mandelcher erous gesprangen:

    Gottsbärjelcher klīn,

    Gor sūwer uch rīn,

    Dä quicksen und hapsen

    Und bänzen und tapschen,

    Är slipsen, är maxen

    Und mǟche vill Faxen:

Dem Mōn, diem gefälld är Gefuesel gor licht,

E schnegd än der Laft e graßnǟkich Gesicht.


Wänn't Errlächt slobberd äm be Samp,

Ald īst sich tuckt um Wegdestamp,

Nō kun be Trubben iwre'm Fribben

Af lānke Kierräde geribben.

    Dä zotzle geschwängd,

    Beroffen de Kängd,

    Verhäxe mät Kregdren

    De Käh un ben Egbren

    Und pätschen und zärren

    Und schlō sich äm Arren;

E Gejer, en ālder, bier regd e vīrun,

Dier gecht en und serzelt, just wä en Zegunn.


1. Torrestangd: Turmuhr; entzangd: augenblicklich; ze=
schrangen: zerschrunden; Gottsbärjelcher: Zwerge; är: einige;
slipsen: lachen; maxen: weinen; Gefuesel: närrisches Gebaren
(Fasnacht); graßnǟkich: griesgrämig. — 2. Errlächt: Irrlicht;
Samp: Sumpf; Wegdestamp: Weidenstamm; Trubben: Hexen;
Fribben: Planken; Kierräden: Kehrruten; zotzle: trotten; be=
roffen: berufen (verhexen); Käh: Kühe; pätschen: zwicken; Arren:
Fußboden; Gejer: Trudengeiger; regd e: reitet ihnen; gecht:
geigt; serzelt: fiedelt (kratzt); Zegunn: Zigeuner.

Def äm Gebrämm uch äm Gehitſch
Gihd äm als Wülf der Prikulitſch.
Te Pitter Mummeſch hīrd em bēren,
Dat ſich de Bäſch=Ängel erfēren;
    Et kit wä e Kålf
    Geſturkelt der Ålf.
    Äs däd e Gedruſchel,
    E Gīſter=Gewuſel!
    Der Muerlef bier tampelt,
    Der Bīsackes ſtrampelt,
Unt hängdennōh kib uch der Härr Pitterbier
Uch nōch der Babau und der Hemmel wīß wier.


Doch ſchlīb eb īnt des Morjeſt fräh,
Äs uch de Häxerä verbä:
Gottsbärjelchen huet niche bleiwen
Unb Trubb unb Gīſter bä zeſteiwen.
    Nor Ängelcher klīn
    Bewachen ellīn
    De Bläh uch be Blommen,
    De Kängbcher de frommen,
    Und loſſe ſe brīmen
    Bu gälbänne Bīmen,
Bum Stīu aller Weiſen, bewacht bun em Zwärch,
Bum ſälwränne Schlueß uch bum gläjränne Bärch.


    1. Gebrämm: Gebüſch, Geſtrüpp; Gehitſch: Gehölz; Pri=
kulitſch: Werwolf; Pitter Mummeſch, Pitterbier, Baubau:
Kinderpopanz; Bäſchängel: Waldteufel (ſprichw. f. ungezogene
Kinder); Alf: Alf; Gedruſchel, Gewuſel: Gedränge; Muerlef:
Mahre (Alp); Bīsackes: böſer Kobold (ſprichw. f. böſe Kinder).
— 2. Bläh: Blüte; fromm: artig; brīmen: träumen.

Und iß de Sann durch't Fenster lacht,
Äs Jang und Ält schin afgewacht,
Dō gihd et schin un't tävre, schaffen,
Sich tummlen uch zesumme raffen.

De Nōchteguel sängt,
De Morjeklōk klängt,
De Rīseknīp blähen,
De Wilkelcher zähen;
Bu Pärle wä flankren
De Wisen und blankren;

Doch sekst te en Träppchen äm Dā hä uch dō,
Si dink: 'D äs e Spīr bun em Trubbche gor nōh.

—◆—

## Der Kanzlist.

E Kanzelistche bän ich,
Em hīßt mich „weiser Härr",
Doch wiß ich nor blātwenich,
De Weishīd äs nōch färr.
Ä menge Schäppre spīren
Ich ned en Kretzer Gield,
Me Bäslīsch uch meng Ihren
Sen nōch äm wegde Field.

1. tävre: hantieren; Rīseknīp: Rosenknospen; flankren:
blinken; Träppchen: Fußtapfe; Dā: Tau; Spīr: Spur; —
Der Kanzlist: Der Kanzlist. — 2. weiser Härr: weiser Herr
(Titulatur für Beamte); Schäppre: Taschen; Bäslīsch: Speck
(sprichw. Bäslīsch uch Ihr s. v. w. Reichtum und Ehre).

Meß gritschlen und meß häcklen
De gânze läwen Dâch,
Bericht zesummestäcklen,
— Dä schmeißt em än be Bâch;
Ich schreiwen ich en Stiwel,
Fast zwisēchich gebackt,
Et feire mer de Kniwel,
Doch wibb e eruef gegackt.

Und fēhlt bäm u e Schnirkel
E Pickelche bäm i,
Äs, mäßt em't mät dem Zirkel,
E Schnōkefeßke mī:
Si schebble glech vōl Zweifel
De Knoppedoß är brä, —
Ech schiere mich en Teiwel
Äm Katzenhīwderä.

Und sīl mer äst net schengen,
Und wēr mer äst net rēcht,
Si terf ich doch net grengen,
Als ōf ich ânbresch dēcht;
Munch Schiwerhīst schläch grâlich
Sonst af e Plarremänt,
Kanzlistche webb ueffchâlich
Beschnäppelt uch beschännt.

1. häcklen: Häckchen machen; Stiwel: Stiefel; zwisēchich gebackt: zweifach gebückt; feire: feuern, brennen; Kniwel: Finger; eruef gegackt: herabgejuckt (flink niedergeschrieben). — 2. Schnōkefeßke: Gelsenfuß; schebble: schütteln; Knoppedoß: dicker Schädel; Katzenhīwderä: Katzenköpfigkeit. — 3 grengen: greinen; Schiwerhīst: Splitterkopf; Plarremänt: Geschrei; ueffchâlich: abscheulich; beschnäppelt: beschunden.

Der Krīsrōt fiert spazären

Mät Bäre gāt gefrȇßt,

Kanzlistche gīt schmiblären

Per pedes, dab et grȇßt.

Schampanjer=Stappe flejen

Bäm Comes un 't Gebinn,

Kanzlist äs af'm Drejen,

Zurpt Waffer statt 's Pelin.


Bä Mēdchren uch bä Fräen

Hun ich glat niche Gläck,

Mȇr sīl ich uch verblähen,

Ich zäh mich gånz zeräck;

Alb īst en Konzipisten,

En Rät beku se brun,

De uerem Kanzelisten

Dä wäsche sich de Grunn.


Und hemmelzt alb e Recher,

E vīrsichtweis grīß Härr,

Si bād em hīh uch hecher

Ä Kirchen e Geflärr;

Und alle Schiller sängen

Dem steifen Härr Patron,

Und alle Klōke kängen,

Em bläßt ous der Kanon.


1. Krīsrōt: Kreisrat; mät Bäre: mit Vieren; gefrȇßt:
gefüttert; schmiblären: herumschlendern; dab et grȇßt: übrig
genug; Komes: Sachsengraf; Gebinn: Zimmerdecke; af'm Drejen:
auf dem Trocknen; zurpt: schlürft; Pelin: süßer Wein (romänisch).
— 2. glat: durchaus; Grunn: Schnurrbart. — 3. hemmelzt:
himmelt, stirbt; vīrsichtweis: vorsichtweise (Titulatur höherer
Beamten); Geflärr: Gerüst; Schiller: Schüler; bläßt: blitzt.

Sihd āserener hīmen,
Äs nichen gris Parad,
Kå schlöfen und kån brīmen
Uch ōhne Schpampenab.
Em schärrd en än e Kellchen,
Verstōchen äm Gebrämm,
Dō schreift e uch neb en Zellchen
Und nemment schirt sich bräm.

## Rāh wihl.

Rāh wihl af denger Dīdebånk,
Eb äs verbä, bäst nemmi krånk.
De Bläck, si fränklich, klōr uch hääll,
Äs starr uch graß, deng Härz äs ställ,
Und nemmi zackt et nā vīr Wīh,
Ä Fråde schlīd et nemmermī.

Wä låt e dō ä seßer Rāh,
Se Vueter drackt em b' Ügen zā,
Seng Motter sprīd en Schlījer draf
Und sōt: „Wäkt menge Sann neb af,
Und riet mer neb e Stärwenswīrt,
Domäd er mer'n äm Schlōf net stīrt!"

1. hīmen: heim; Kellchen: Grube; Gebrämm: Gestrüpp. — Rāh wihl: Ruhe wohl. — 2. Dīdebånk: Totenbank; graß: finster; schlīd et: schlägt es. — 3. låt e: liegt er; sprīd em: breitet ihm; riet: redet.

Zem Schlêfer kit seng Härzensfrängd,
Befählt seng Stern, erwäscht seng Hängd;
Wä se se blīch und steif und kålt,
Et schocherd en, als ōf e grålt,
E bīcht sich iwren, wō e låt,
Und nīcht seng·Hīst und schråb und schråt.

Dem Leßken bou'rt se Schlōf ze lång,
Wä klōpt em't Härz, et wibb em bång,
Et reßt: „Wach af Härzläßter meng,
Dertous äs Istersannescheng.
Hīr, wä'm sich fråd und sängd und lockt,
Wach af! wach af! et reßt beng Brockt!"

Åmsonst stōh guer äm en eräm:
Hī hīrt net mī der Motter Stämm,
E dräckt dem Frängd nemmī be Hånd,
Zerräßen äs se Läwesbånd;
Und blāt se Būlk: hī spīrd et net,
Und fråd et sich: hī wīß et net.

Råh wīhl, råh wīhl, tå Peljer måd,
Råh wīhl af dengem schwarze Bät,
Dō schlēfst te lång, bō drīmst te vill
Af denger Säßter Rīsepill;
Hueßt Leßkens Räng um Fänger kålt,
Versorj e gåd, et solcht der båld.

1. erwäscht: ergreift; et schocherd en: es schauert ihn; grålt: fürchtet sich; iwren: über ihn; bīcht: beugt. — 2. Leßken: Liebchen; dertous: draußen; Istersannescheng: Ostersonnenschein; lockt: läutet. — 3. guer: alle; blāt: blutet. — 4. Bät: Bett; Rīsepill: Rosenpolster; versorj e: verwahre ihn.

Näh wīhl än bengem ängen Hous,
Wä sekt gōr gräm de Kellchen ous.
Wä bremmert būß nä Schorr af Scherr'n,
Se däken Händ uch Foß uch Stern,
Und af dem Härzen ängelrīn
Lät zinteschwēr der Lecheßīn.

Doch wänn en Ängd der Wängter nit,
Deng Häffel en grän Däk bekit,
Nō bläht af zuertem Stängelchen
Am Gräs en Tinnetåtesken,
Schråt morjest fräh en Zēhrchen Dä,
Schleßt ōwends spēt seng Ügen zä.

Wä lockt schlīb än der Rīsenhäk
De Nōchteguel um Frittes-Äk;
Wä pespert durch det Gräs der Wängd,
Als säng et, wä em klene Kängd,
Dem Schlēfer brangder, kålb uch bīt,
Su, su! Su, su! e Wäjelīb.

E Klōkeblemmchen hemmelblō,
Stīhd af'm klennen Häffel bō,
Dåt nīckt und bīcht sich bäs än Ärrn,
Als häf et bien bō angbe gärn;
Und klängt der Sangtichklōkekläng,
Lockt uch det Blemmchen tongoloug.

———◆———

1. gor gräm: gar finster; būß: dumpf; Schorr: Scholle;
zinteschwēr: zentnerschwer. — 2. Ängd: Ende; Häffel: Hügel;
Tinnetåtesken: Stiefmütterchen (Trinitatisblümchen); schråt:
weint. — 3. schlīb: schlägt; Rīsenhäk: Rosenhecke; pespert: flüstert.
— 4. bäs än Ärrn: bis zum Boden; häf et: hätte es; lockt: läutet.

# De Mer bum Keneng Schïbvijel.

Et wōr emōl e Mēdchen,
En motterselich Wïs,
En uerem Katzebrēdchen,
Doch rēklich, wä en Rïs.
Seng Motter, bä habb em begruewen
Änt Kellchen, ach wïh! ach wïh!
Et geng än de Guerten uewen,
Satzt angber en Būm sich und schrī:

„Wier widd mī fīr mich sorjen?
Ach wïh mir, Uermche, wïh!
Wier pïtzt mich nā um Morjen?
Meng Motter äs net mī.
Dä mich e sï hïsch hat gewieschen,
Mät gälbännem Kām mich gekämmt;
Na bän ich verlosse, vergießen,
Bän trourich, ach! trourich gestämmt!"

Dät hīrt mät fälschem Härzen
De bïs Frä Nōberän,
Hat langhär Quuel uch Schmärzen
Fīr't Mēbeschken äm Sänn.
Dä Pätschzang, dä ält, statt ze bieden,
Sackt sä sich en Män zem Gespill,

De Mēr vum Keneng Schïbvijel: Das Märchen
vom König Scheidevogel. — 1. motterselich Wïs: mutter-
lose Waise; uerem Katzebrēdchen: ein armes kleines Ding; rēklich:
ordentlich, sauber; uewen: hinab. — 2. Uermche: Ärmste; hïsch:
schön. — 3. Nōberän: Nachbarin; Mēbeschken: Mägdlein; Pätsch-
zang: Kneipzange; sackt: suchte.

Des Mēdche se klōn uch seng rieden
Wōr Waffer af änärrer Mill.

„Wuert Härzken! nor e kitzken!"
Krīsch se em iwer'n Zong;
Tä Hågech än em Witzken
Zem hīschen Mēdche språng;
Vill måcht se sich mäb em ze schaffen,
Und prīpeld und plappert gor lang;
Det Wīske, se wūl et veraffen
Mäb ärrer gedämmelder Zang.

„Meng Düchter! fålt net forjen,
De Bueter fīl mich nien,
Ich wedd der alle Morjen
Nor birkä Bījel gien;
Ä Mälch nor uch Ōbes dich wiefchen,
Dich ropfchen mät spānefcher Sīf,
Te werft mich gewäß net vergießen,
Ach glīf mer, meng Düchter, ach glīf!"

Det Mēdchen lef zem Bueter:
„Ir Düchter nemmi klōt,
Ach hīrt nor, härzer Bueter,
Wat doch de Nōbrä sōt.

1. änärrer: ihrer. — 2. e kitzken: ein wenig; krīsch: rief;
iwer'n: über den; Hågech: Hopfenstange; prīpeld: plauderte;
veraffen: berücken; gedämmelder: gewetterter. — 3. fålt: follst;
nien: nehmen; wedd: würde; birkä Bījel: birkene Bretzlein;
gien: geben; Ōbes: Sahne; ropfche: reiben; mät spānefcher
Sīf: mit spanischer Seife (Ziegelstückchen); glīf: glaube. —
4. lef: lief; nemmi: nicht mehr; klōt: klagt; härzer: lieber;
sōt: sagt.

Se wil und se webb fir mich sorjen,
Ach, nēhmb er se nor zer Frä,
Mät gälbännem Kämmchen um Morjen
Meng Hōre mer kämme mät Mäh.

Se wäßt mer änzesacken
Mär Bijel ängde firt;
Wä filen dä wol schmacken?
Ich hu se nä gekirt.
Än Obes webb se mich wieschen,
Mich ropsche mät spānescher Sīf,
Ich webb se wol näckent vergießen;
Ach glīf, sōt se kē mich, ach glīf!"

Der Bueter, nō neng Wōchen
Nähm e de Nōberän:
Dō word af ist gebrōchen
Se frå, seng hīder Sänn;
Se Mēdchen, dåt hīsch, blif beschnuppert,
Berōmt und bōl Kneist und bōl Jesch,
Word stefmetterlich uefgeschuppert,
Hadd um Isterbåch nichen weiß Wiesch.

„Ach, Motter! ir sekt en Ijel,
Dier kickt än ennem firt,
Ir sekt en Hällerijel
Und gännt mer ned e Wirt.

1. wil: wolle. — 2. änzesacken: einsacken (Besperbrot);
mär: mürbe; ängde firt: immer fort; gekirt: gekostet; näckend:
niemals; kē mich: gegen mich. — 3. neng: neun; berōmt:
berußt; Kneist: Schmuß; Jesch: Asche; Wiesch: Wäsche. — 4. ir
sekt: Ihr seid; Hällerijel: Höllenriegel.

7*

Wō bleiwen be Bījel, be mären,
Wänn ich afstöhn des Morjeft fräh?
'b äs vīr ber Nues bålb ber Ären,
De spänesch Sif äs nōch net hä!"

Stabb et mät Mälch ze wieschen,
Nåhm så en Birkerät
Unb feng eb un ze brieschen:
„Des Bījel fen ber gät!"
Unb ståch be Råb un be Späjel,
Nōbem f' et geschlō wä en Hangb,
Unb ropscht mäb er muerijer Zåjel
Den Hals uch ben Nacken em wangb.

Unb spärrb et ze be Gåsen
Mät Schließern än en Stuf,
Nåhm Ärbes, Honzem, Låsen
Än ber Gemīn af Puff,
Unb rektert fe guer burchenånber
Unb schabb en puer Råmp vīr eb ous,
Krīsch: „Tummel bich! klouf f' ousenånber,
„Sonst romm bich mer ous mengem Hous!"

Det Wiske schrī vōl Sorjen:
„Ach wīh mir Uermche, wīh!
Wier hälft mer bäs zem Morjen,
Meng Motter äs net mī,

1. Ären: Ernte. — 2. brieschen: schlagen; des: biese; muerijer: kotiger. — 3. spärrb: sperrte; ze be Gåsen: zu ben Gänsen; Honzem: Hanffamen; Låsen: Linsen; schabb: schüttete; Råmp: Kübel; klouf: klaube. — 4. schrī: weinte.

Dä mich eft hīſch hat gewieſchen,
Mät gäldänņem Kām mich gekämmt,
Nā bän ich verloſſe, vergießen,
Bän trourich, ach trourich geſtämmt!"

Dō ſāch ed äſter flobbren,
Als ōf e Lächtſtrōhl ſchinn,
Dō ſāch ed äſter plobbren
Bīr ſengen Ūgen hin:
Dät habb en hīſch gälbä Puer Flijel,
Sāch ous, wä e Pīrſchke gor zuert,
Und ſchinn boch, als wēr ed e Bijel
Bu wangberbōr härrlicher Uert.

Dier ruf em burch bet Fenſter:
„Hīſch Mēdche ſält net ſchrän!"
Ūb äntferb: „Allerſchenſter,
„Wä ſūl ich dänn net ſchrän?"
Dō frōcht e: „Wat giſt te mer Schaßken,
„Ām Fall ich beng Hälfersmän bän?"
Ūb äntferb: „Ich gien der e Maßken!"
Und leß en burch't Fenſter erän.

Dō ruf en Klaft wälb Douwen
Der Keneng Schībbijel;
Dät gäf e päcke, klouwen
Und e Gerukeßel!

2. äſter: etwas; ſchinn: ſcheine; Pīrſchke: Bürſchchen. —
3. ruf: rief; äntferb: antwortete; Hälfersmän: Helfer; Maß-
ken: Küßchen. — 4. Klaft: Schwarm; Douwen: Tauben;
päcke: piden.

„De lichten, bä schläckt mer änt Krēpchen,
De hīschen, de gābe lot äs,
Und klouft mer besangder änt Kēpchen
Hier Ärbes, bīrt Honzem, buer Läs!"

De kernich Deifker päckten
Mät ärre Schnäwle rīt,
Et habben bä gebläckten
Af īst är Arbet brīt;
Der Schībbijel mät sengem Schatzken
Dä flipsten und rinzten derwel,
Wä knatschten bō Matzken u Matzken
Af Nacken, af Bāsem uch Mel!

De Stefmotter, bōl Ziren,
Wä sǟch s' um Morje graß,
Är Späl hat se verlīren
Und word båld grän, båld blaß.
Se geng än bet Kimmerchen ännen
Und stumpt et mät Wierk gänz ous,
Krīsch: „Tummel dich! sält mer et spännen
Bäs morre, — sonst marsch ous em Hous!"

Det Wiske schrī bōl Sorjen:
„Ach, wīh mir Uermche wīh!
Wier hälft mer bäs zem Morjen,
Meng Motter äs net mī,

1. de lichten: die schlechten; Kēpchen: Töpfchen (Kufe). —
2. kernich: rüstig, munter; de gebläckten: die gewetterten; brīt:
fertig; flipsten: lachten; rinzten: schäckerten. — 3. Ziren: Zorn;
graß: griesgrämig; stumpt: stampfte; Wierk: Werg; morre:
morgen; ous em: aus dem.

Dä mich esi hīsch hat gewieschen,
Mät gäldännem Kåm mich gekämmt,
Nå bän ich verlosse, vergießen,
Bän trourich, ach trourich gestämmt!"

Dō såch seng Allerschenster
Eb äm Bekridnes lån,
E klōpt em un det Fenster:
„Hīsch Mēdchen! sålt net schrån!"
Und krīsch: „Gespanne, gehaspelt
Und af de Stange geschlōn!"
Dō hīrd em, wä't rischpelt und raschpelt,
Äm Witz wōr't du sälwent gedōhn!

Doch märkt sich nā de Brōden
Dä angem Skarrebänz,
Se habb ald äst errōden
Bu Gūld uch Fänklemänz;
Verschluß em mät Rijlen und Schließern
Det Stisken und gåf nichen Rāh,
Und heng em mät Schērchern uch Mießern
Vōl Bīshit det Fensterchen zā.

Und als der Kenengs=Vijel
Um åndre Morje kåm
Und sich mät zuertem Flijel
En Dräft kēm Fenster nåhm:

2. Bekridnes: Bekümmernis; lån: liegen; klōpt: klopfte;
geschlōn: geschlagen; du sälwent: von selbst. — 3. angem:
böse; Skarrebänz: böse Sieben; errōden: erraten; Fänklemänz:
Flittergold; nichen: keine; Rāh: Ruhe. — 4. Dräft: Schwung,
Anlauf; kēn: gegen das.

Dō schnitt e sich iwerentiwer,
Det Blāt fluß em uewen, ach wīh!
Gor zornich unb bīs wort e briwer,
Fluch hīmen unb kām nemmermī.


„Wō äs me Liewen, härrlich?"
— Feng 't Mēbchen un ze klōn —
„Meng Stefmotter äs wärlich
Nā nemmi zem erbrōn!"
Dä märkt, wä eb ä sengem Härzen
Unb angber dem Härze sāch aus,
Krīsch: „Säck der be Prinzen zem schärzen
Unb romm dich mer ous mengem Hous!"


Det Mēbche geng ellīnchen
Munch ene läwen Dāch,
Geng iwer munch ī Rīnchen,
Schribb iwer munch īn Bāch;
Et moßt bun dem frähefte Morjen
Bäs spēb än der Ōwenblaft gōhn,
Si kām et dänn änklich bōl Sorjen
Un't Schlueß bun dem sälwränne Mōn.


Seng Siwepelsen heng et
Längst Hierbäk un en Rīhm,
Zer älber Mōnä geng et,
Är Sann wōr net berhīm:


1. iwerentiwer: über und über; wort e: wurde er. — 2. klōn: klagen; säck: suche; romm dich: packe dich. — 3. ellīnchen: allein; Rīnchen: Rain; änklich: endlich. — 4. Siwepelsen: Siebensachen (Pelsen: Pflaumen); Rīhm: Rahme; Mōnä: Mondfrau.

„Härz gülbich Frä Motter" — si sōb et —
„Ach giet mer e Stäckelche Brīt;
Ach wīh mir Uermchen," — si klōb et —
Ich stärwe bīr Härzelīd!"

„Tā hīscht mer nōch ze ießen,"
— Sōt sä mät būser Stämm —
„Me Sann bier wibb bich frießen,
Me Sann bier brängt bich äm!"
Se bēb eb än't Wänkelche krächen,
Der Mōn af'm Dirpel bier krīsch:
„Mächt åf, Frä Motter, ich rächen
E Stäckelche Mängscheflīsch!"

„Eb äs jō nor e Mēbchen"
— Sōt sä — „en trourich Wīs,
En uerem Katzebrēbchen,
Doch rēklich, wä en Rīs."
„Et terf sich bīr mir neb erfēren"
— Sie åntfert begämelt der Mōn —
„Kamm bä mich, te sält mer beng Mēren,
De Līb, be Bekribnes mer klōn!"

De Mōnä brāb e Brētchen,
Dēb uef en Miertesgås,
Unb sä, är Sann uch 't Mēbchen
Bäm Ōwenbämmes såß;

---

1. Stäckelche: Stückchen. — 2. hīscht: heischeft, verlangst;
ießen: essen; Dirpel: Schwelle. — 3. erfēren: erschrecken; begämelt:
begütigt; bä mich: zu mir. — 4. brāb: briet; bēb uef: schlachtete;
Miertesgås: Martinsgans; Ōwenbämmes: Abendessen.

Dō habb eb en alle seng Mēren
Und all se Bekribnes geklōt,
Dō schrī eb und båd angber Zēhren
De Mōn äm en fränkliche Rōt.


„Ich webb der hälfen härrlich,
Wä ich nor kēnd uch wäßt,“
— Sōt hī — „doch wiß ich wärlich
Bum Schībvijel guer näst.
Ich schengen u gor wenich Ängben,
Zer gälbänner Sann meßt te gōhn,
Dä wiß bun de Mängschekängben,
Bun alle, Beschīb der ze sōn.“


Si sōt e und klouft em necklich
De Gåseknōchen af;
„Dink u meng Rieben zecklich,
Te brochst se, sorch der braf!“
E båd, et sīl senger gebinken,
Dat hie nor se Gābet gewūlt
Und gåf em zeließt nōch ze schinken
En Rōken ous pur eggel Gūlb.


Seng Siwepelse packt et
Än Eissack nā geschwängd
Und geng zer Sann, bä schackt et
Zem kernichschniele Wängd.


1. geklōt: geklagt; angber: unter; Zēhren: Thränen; fränkliche: freundliche. — 2. ich webb: ich würde; näst: nichts; ich schengen: ich scheine. — 3. necklich: hurtig; zecklich: oft; Rōken: Spinnrocken; eggel: eitel. — 4. än: in den; Eissack: Zwergsack.

De Sann, bä schinkt em zem Röken
En gälbän, en fänkelä Späll;
Der Wängb bier gäf em en Zöken
Ous Flueß, wä be Segb, feng uch häll.

Doch Sann uch Wängb bä kangben
Bum Schibvijel näft fön,
Äs Wiske moßt feng Wangben,
Seng Elenb wekter brön.
Et kangb unb et wül net verwellen,
Såch Rifen uch Hengen uch Zwärch,
Et geng unb et geng toufend Mellen,
Käm änklich zem gläsränne Bärch.

De Gåfeknöche bråch et,
Ä klinzich Schiwercher,
Unb int nö'm åndre ståch et
Änt Rēch als Staffelcher.
Zefumme feng Krieft moßt et raffen
Ä glähnijer Sannenhätzt;
Si kruepeft unb kraxelb eb affen
Zem fälwränne Schlueß än der Spätzt.

Dertīwen glänzt gor fränklich
En Kirch ous Marmelstīn,
Duer fatzt et fich bänn änklich
Juft vīr be Dirr ellīn.

1. Späll: Spinbel; Zöcken: Hanf= unb Flachsbunb; Flueß: Flachs. — 2. wekter: weiter; verwellen: verweilen; Hengen: Hünen. — 3. klinzich: klein; Schiwercher: Splitter; nö'm: nach dem; Krieft: Kräfte; kruepeft (krupeft): klettert; Spätzt: Spitze. — 4. dertīwen: broben; duer: borthin; Dirr: Thüre.

Et nåhm senge gälbänne Röken
Unb spån mät der gälbänner Späll
De Flueß vun dem gälbännen Zöken
Ze Fädme, wä Segd esi häll.

Dō såch eb äster flobbren,
Als ōf e Lächtstrōhl schinn,
Dō såch eb äster plobbren
Vīr sengen Ügen hin;
Dō hīrd et bet Vülk jubilīren,
De Klōken, bä kånge gor lockt
Dem Schīdvijel zem kopulīren,
Dem Schīdvijel mät senger Brockt.

Üt habb en net vergießen,
Doch hī habb et verkånt
Hat langhär et vergießen
Üm färre Vueterlånd.
De Brockt awer såch sengen Zöken
Vu sengem, gülbfädmijem Flueß,
Und ruf et mät Späll uch mät Röken
Bä sech än det sälwerä Schlueß.

„Wat wällt te vīr bes Sachen
Tā hīschet Kängd wol hun?“
„Se sen — er terft net lachen —
Fīr Gield net ze bekun.
Ich hīschen ellīn, nor ze schlōfen
Bä irrem Härzläfsten en Nōcht;

3. vergießen: vergessen; färr: ferne. — 4. hun: haben;
se sen: sie sind; ich hīschen: ich verlange; irrem: Eurem.

'b äs wärlich, — ich sōn ich eb ōſen —
Blātwenich fīr alle des Prōcht."

„Unb hīſcht te bä dem Keneng
Ze ſchlōſen nor en Nōcht,
Si hueſt te Rēcht, — 'b äs wenich
Fīr ſollīn Gūldesprōcht."
Si ſōt ſe, unb wōr faſt bu Sännen,
Der Getz leß er guer nichen Rāh,
Se fährb eb änt Schlōſſtiſten ännen
Unb plätert be Kummerbirr zā.

Wat ſāl ich ich nōch quielen
Mät dem, wat nā geſchāch?
Wat ſāl ich ich erzielen
Wä 'm ſcheᵣ ſeng Härzte brāch?
Unb wä et mät gälbännen Zēhren
Dem Läſſte ſeng Elenb geſōt,
Unb wä eb em alle ſeng Mēren
Unb all ſe Bekribnes geklōt?

Unb wä eb alle bīden
Äm Härze ſchlach gor lockt,
Unb wä hī ſich leß ſchīben
Bu ſenger fälſcher Brockt,
Unb wä nō der Keneng äm Zīren
Bum gläſränne Bärch ſe verſteß,
Unb wä e dem Wisken ze Jhren
En Hochzet veruſtālde leß.

2. ſollīn: ſolcheine; ſōt: ſagte; Getz: Geiz; plätert zā: wirft
zu. — 3. ſāl: ſoll; ſcher: ſchier. — 4. leß: ließ; verſteß: verſtieß.

Der Weng fluß än em Kämpel,
Strätzel lâch un der Zell,
Et fluch munch Gâsefträmpel
De Giefte juft än't Mell;
Dat der Keneng ämt Wifke geworwen,
Dieß frâde fich alle gät Lekt, —
Unb fe fe fängtbieß net geftorwen,
Si liewe fe bîde nôch hekt.

## Ōwendläftchen.

Des Ōwends wuer fchlimpert
Me Läftchen eräm?
Et plapperb und klimpert,
Als häf eb en Stämm.
Verlallt gib et Matzken
Af Matzken äm Field, —
Et huet fich zem Schatzken
E Rîsken erwielt.

De Bâchern erzillb et
En wangberhîfch Mēr,
Mät Flutterchre fpillb et,
Mächt 't Härzken e fchwēr,

1. Kämpel: Tümpel; Strätzel: Stritzel (Weißbrot); Gäfe=
fträmpel: Gänfekolben; be Giefte: den Gäften; än't Mell: ins
Maul; hekt: heute. — Owendläftchen: Abendlüftchen.
— 2. wuer: wohin; fchlimpert: fchlenbert; verlallt: verhätfchelt:
Matzken: Külßchen. — 3. beBâchern: den Bienen; Mēr: Märchen;
Flulltercher: Schmetterlinge; e: ihnen.

De Blommen, den Ehren
Erzilld et vu Läf
Und mächt 'n mät Zehren
De Ügelcher dräf.

Güldkiewer gedämmelt
Dier drimt schin und noppt,
Dien hueb et vertämmelt
Än 't Bätche gestoppt;
Und hat, wel bier Pängel
Bir Trubbe gegrält,
Em öwends vum Ängel
Geschichten erzählt.

Et spillt Zickermandel
Mät Schnöken, hopp! hopp!
Verguecht är licht Bandel
Äm greßte Kallopp;
Durch Ichebim broust et,
Als öf em et steß,
Und wihlegdich soust et
Um Währ än dem Beß.

Det Läftchen et git mer
Nä sälwent net Räh,
Et rift mich und nit mer
Den Hot nöch derzä.

2. gedämmelt: gewettert; noppt: schlummert; vertämmelt: betäubt; gestoppt: hineingedrückt; Pängel: Bengel; gegrält: sich fürchtete. — 3. Zickermandel: ein Fangspiel; Schnöken: Gelsen; verguecht: verjagt; Ichebim: Eichenbäume; wihlegdich: wehleidig; Beß: Binsen. — 4. sälwent: selbst; rift: rauft; nit: nimmt.

Et kid, ir härz Lektcher,
Båld hier und båld buer,
Und wirft mer Stüfkettcher
Änt Üch efi guer.


Et flifpert mer fränklich
Gor munch äft änt Jhr
Und pefpert mer änklich
Gor munch īn gāt Līhr.
Et grengt mer åm Nacken,
Hu mäd em meng Nīt,
Und wīß mich ze packen
All fpillän um Klīd.


Wol klappert bet Millchen
Und fchlabbert gefchwängd,
E fchneller Gefpillchen
Bäft tā, Ōwend=Wängd!
Et fchengt mer, als fēnb ich
Dich Nåegete fōn,
Jch glīwe, faft kēnb ich
De prīple verftōhn.


De flīten, be fängen,
— Ach loß mich nor, loß —
Mir fchengt et ze brängen


1. kid: kommt; buer: borthin; Stüfkettcher: Staubkörner;
efi guer: fogar. —[2. flifpert, pefpert: flüftert; grengt: greint;
all fpillä: fpielend. — 3. fchengt: fcheint; fēnb ich: fände ich;
Nåegete: Neuigkeiten; kēnb ich: könnte ich; Prīple: Plaubern.
— 4. flīten: flöten.

Bum Leften en Groß.

Et schengt mer, als hīr ich
Seng sälwerä Stämm,
Et schengt mer, als spīr ich
E Matzke vun äm.


Hait! mäch nichen Rummel
Gebläcktijer Wängd!
Hait! tummel dich! tummel
Zeräck dich geschwängd!
Loß Flutter uch Blommen,
De Kiew'r än der Wäch, —
Meßt necklich dich rommen,
Loß allend äm Stäch!


Hait! bräng mengem Schatzken
En Antfert bu mir,
Und gäf em e Matzken,
E Matzke bu mir,
Und säch em än d'Ügen
Und prieß mer seng Hånd,
Und fålt mer ä Bügen
Seng atlassä Bånd!


Und spill em äm 't Mellchen
Und säck em um Känn


1. Leften: Liebchen. — 2. hait! auf!; nichen: keinen;
gebläcktijer Wängd: „schelmischer Wind" (Blitzjunge); tummel
dich: spute dich; Wäch: Wiege; necklich: hurtig; allend: alles.
— 3. Antfert: Antwort; gäf: gieb; prieß: presse; Bügen: Falten.
— 4 säck: suche.

En härz rondlich Kellchen
Und schökel dich drän;
Und so em, dad ät mer
Um bieste gefällt,
Und so em, wä ät mer
Det läfst än der Wält.

———◆———

# Ech bän deng und tā bäst meng!

Ech bän deng und tā bäst meng,
Nemment terf es schīden,
Frähjōhrslast und Sannescheng
Glänzt es allebīden.
Se mer īnesch uerem glech,
Se mer doch um Härze rech!
Läf widd nä sich brīden.
D' äbelst, wad af Jerde bläht,
Und der Hemmel äm Gemät
Äs äs allebīden.

Ech bän deng und tā bäst meng,
Loß de Wält drif bēren.
Wänn 'd uch ängde lichter geng,
Wier widd sich erfēren.
Loß det Dannerwäbber kun,

---

1. Kellchen: Grübchen; schökel: schaukle; um bieste: am
besten. — Ech bän deng und tā bäst meng: Ich bin
dein und du bist mein. — 2. terf: darf; se mer: sind wir;
īnesch: gleich; uerem: arm. — 3. bēren: zanken; ängde: immer;
lichter: schlechter.

Ûch än Ûch säh mer es un,
Et verhallt, wä Mēren;
Hun en Platz, es ouszeschrän,
Kännen es um Härze lân:
Läf ställd alle Zähren! —

Ech bän beng und tā bäst meng,
Mir gehīrn zesummen.
Int dem Andre gāt ze seng
Terfe mer 's net schummen.
Gōh mer hīmen īst ellīn,
Gruewe s' af en weiße Stīn
As verschlangä Nummen.
Und en Turteldouwe-Brockt
Rest um gränen Hijjel lockt:
„Ir gehīrt zesummen!"

———◆———

## De Kiser-Īch.

Mer wōren hekt zesummen,
Mer lessen es 't net nien
Zem Ugedink en Nummen
Hä besem Būm ze gien;
Gesangdhīd ouszebrängen
Hu mer es hekt erlüft,
Mät Weng uch mät Gesängen
Des Kiser-Īch gebüft.

1. lân: liegen. — 2. terfe mer's: dürfen wir uns; hīmen: heim; Nummen: Namen. — De Kiser-Īch: Die Kaiser-eiche. — 3. nien: nehmen; Ugedink: Andenken; gien: geben; erlüft: erlaubt; gebüft: getauft.

Vill hangdert weißrīt Fähndlen
Dä flodderden äm Wängd,
Äm Grīße sāch em s' ähnblen
Em Krästbūm fīr de Kängd.
Si sāch se vīr ācht Duegen
E Veld viriwerzähn
Mät Mann uch Rueß uch Wuegen,
De Kīser kangd se sähn.

Jed Blietchen bāt bewiecht sich,
Als wäßt et vun der Ihr,
Und ämeränk dō riecht sich
En Mängschemäng dervīr;
Em sāch vun allen Ängden
Gestālte wīlbekānt,
Dō kangd em Fāhne fängden
Vum gänze Sachseländ.

Dō word gedānzt, gesangen,
Gekräschen uch gequixt,
Gehapst word bō, gesprangen
Vīr Frāde fast verwixt.
Em steß sich un de Kerbes,
Vum quätsche word em mär,
Vesangders wō de Werbes
Gedānzt als Keluschär.

---

1. hangdert: hundert; Fähndlen: Fähncher; vīr ācht Duegen: vor acht Tagen. — 2. jed Blietchen: jedes Blättchen; bewiecht: bewegt; ämeränk; ringsum: Ängden: Enden. — 3. gekräschen: geschrien; verwixt: betrunken; Kerbes: Kopf (Kürbis); mär: mürbe; Werbes: Bundschuh (Romänen); Keluschär: romänischer, kostumierter Tänzer.

Dem Kīſer word ze Īhren
Āltvätereſch gezärt,
Des Dāges Prōcht ze mīhren,
Der Schwiertdānz afgefährt;
Wä et dem Comes ängden
Zer Inſtallation
— Geſchriwe wird em 't fängden —
De Kirſchner-Zēch gedōhn.

Dā kangden hän uch ſtēchen
Ās Schwierter nōch mät Mōcht,
Dā ſchlage nōch ās Zēchen
Gor munch īn Tirkeſchlōcht.
Ētzt ſe mer klīn uch nedder,
Det Būlk ſchengt ze verblāhn;
Härr! loß de Schwiertdānz wedder
Bäm nēchſte Comes ſähn!

Hīrd er de Blädder rouſchen?
Hīrd er de Läſtcher gōhn?
Ach! kēnd em ſe belouſchen!
Ach! kēnd em ſe verſtōhn!
Des Īch, dä mer erwielen
Zem Beld der betſchen Trā,
Des Īch wedd es erzielen
Bu Männern ſtark uch frā.

1. Comes: Sachſengraf; ängden: immer; Kirſchner-Zēch: Kürſchnerzunft. — 2. kangden: konnten; hän: hauen; ētzt: jetzt; ſe mer: ſind wir; ſchengt: ſcheint; nēchſte: nächſten. — 3. kēnd: könnte; dä mer: die wir; erwielen: erwählen; der betſchen Trā: der deutſchen Treue; wedd es: würde uns.

Se huet vill Liewensmäden,

Vill Frīhlije gesähn,

Se sāch än ärrem Schäden

De Kīser Jōsef zähn,

De Kīser Franz, bier wärlich

Als Bueter īst rejärt,

Franz Jōsef, bier de härrlich

Etzt Īstrechs Szäpter fährt.


Wänn īst en Jweränklen

Bun ās, nō langer Zekt,

Mät sengem klenen Änklen

Des Rīsen=Jch besekt,

Ded Änklen de Grīßbueter

Um Ärmel zappt und frōcht:

„Ach, sōt mer doch, wat hueb er

Bä desem Būm gebōcht?";


Und sekt em ä seng Ūgen

Si kängblich fromm uch klōr,

Nō wäscht sich ous den Ūgen

Der Āld eu Frädenzōhr

Und sprächt: „Der Bäsch um Sūm hä

Dād äs der Jange=Wāld,

De Kīser=Jch der Būm hä,

Bun dem ich der erzählt.


1. huet: hat; Liewensmäden: Lebensmüde; ärrem: ihrem;
rejärt: regiert; Jstrechs: Östreichs. — 2. Jweränklen: Überenkel;
zappt: zupft; frōcht: fragt. — 3. sekt: sieht; der Āld: der Alte;
Frädenzōhr: Freudenzähre; Bäsch: Wald.

„Des Ich, dä hun ās Alben
Genīn zem Beld der Trå,
Sålt prāf, wä sä dich hålben
Und stark und fromm und frå.
De Kängdeskängd sål wöhren
Det Beld tratz Sturmes Wůlk,
Si bleift nō ville Jōhren
Nōch griß det Sachse=Bůlk!"

———◆———

## En Ōwend ä Brooß.

Wänn de Bietklōk Uefschīd nit,
Stōhn ä Brooß ich enster
Und sähn zā, wä'd Ōwend wibb,
Ugelånd um Fenster.
Hun ich mich äm schwēre Jōch
Mädgedåst, gerackert,
Sähn ich gärn, wä Dåges Plōch
Mät dem Dåch verflackert.

Wō de Ōwendrīt är Bånd
Gälbän hued erguexen,
Äs bed Ängd vum Sachselånd
Durch e Rēch verschluexen.

1. prāf: brav. — En Ōwend ä Brooß: Ein Abend
in Brooß. — 2. Bietklōk: Abendglocke; Uefschīd: Abschied;
enster: jetzt; gedåst (gedäsen): gezogen; gerackert: geplagt. —
3. Ängd: Ende; Rēch: Berg.

Af'm Rēch stöhn Ischebīm
Dä hī affe langen,
All är Nēst hu gälbä Sīm,
Lichten, wä entzangen.

Wä nā Wūlk af Wūlk drif fiert,
Ar sähn ous wä Risen,
Andre wä en Lämmerhierd
Af de gräne Wisen;
Klene sekt em, gülbgeflemmt,
Arre Risen dånzen,
Grīße, grampich afgedemmt,
Sich zer Burch verschånzen.

Hängderm Rēch här, — wol verschmäßt! —
Schussen en Puer Ströhlen,
Alle Fenstern, bad et bläßt,
Nō der Renb ze mölen.
Und bun Hous ze Hous se göhn
Allemōl entzōwend,
Äm ze brängen, äm ze sön:
„Hīsche gāben Ōwend!“

Wuerem Laft bum Mīresch kit
Längd und mälb eriwer,
Det Geberch bu Wūlke widb
Dankel iwrentiwer.

1. hī: hoch; lange: reichen; Nēst: Äste. — 2. drif: drüber; gülbgeflemmt: goldflammend; grampich: plump; afgedemmt: aufgetürmt. — 3. wol verschmäßt: wie verschmißt; entzōwend: abends; sön: sagen. — 4. Mīresch: Maroschfluß; kit: kommt; eriwer: herüber; iwrentiwer: über und über.

Blīch unb bläffer licht der Scheng,
Bäs et zāgeschemmert,
Dūfer blēft be Laft unb feng,
Dāch hueb ousgebremmert.


Färr nor bräb e Fänkelchen,
Klinzich, wä en Gremmel
Schengb eruef, en Zänkelchen,
Hī vum blōen Hemmel.
Sīht vīrous, wänn 'b Ōwenb wibb,
Milliōne Bräbern,
Hängbenō der Wuege kil
Af be Feier-Räbern.


Lächt u Lächtchen burch be Nōcht
Licht u jēbem Fenfter,
Doch be hefchte ftōhn, en Prōcht,
Hī um Hemmel enfter.
'D äs, als ōf ze heljer Räh
Alle Wält fe läben,
Äklich enet wänkt es zā:
„Kub eraf, ir Mäben!"


———◆———


1. zāgeschemmert: finfter geworben; dūfer: bumpfer; Dāch:
Tag; ousgebremmert: ausgetobt. — 2. bräb: brennt; Gremmel:
Brōckchen; eruef: herab; en Zänkelchen: ein Pünktchen; hängbe-
nō: hintennach. — 3. hefchte: fchönften; enfter: jetzt; äklich
ennet: jebes; kub eraf: kommt herauf.

# Oußsicht bum Olymp bä Broos.

Ich geng, fräsch Laft ze fängden,
Dus stiedteschem Gedimp,
Mät zwīn bu menge Frängden
Bä Broos af den Olymp.
De Jerd äm gräne Mīder
Hat hīhen heljen Dåch,
Um Hemmel blō uch hīder
De Sann äm Fenster låch.

Af'm Geberch entzäng se
Ür helich Jelterkierz,
E feirich Pīla spräng se
Eräm um irste Mierz;
Und 't Frähjōhr kåm gewåndelt,
En hīsch, verhatschelt Gang,
Dier sturkelt bålb und tråndelt
Und tueselt glatt ze lang.

Und klinzich Blemmcher luckten,
Just wå Vergißmeinnicht
Kēn Hemmel af und tuckten
Bīr 'm Wångd är Ugesicht.
Der Wegdebūm um Kīnchen
Schlach Pallemitzler ous,

Oußsicht bum Olymp bä Broos: Aussicht vom
Olymp bei Broos. — 1. Gedimp: Dumpfigkeit; mät zwīn:
mit zweien. — 2. Jelterkierz: Altarkerze; Pīla: Ball; eräm:
herum; Gang: Knabe; sturkelt: stolpert; tråndelt, tueselt: säumt.

Um Bangert fluch ellīnchen
E Frähjōhrsflutter ous.

Mir drä, mir stugen hecher,
De Mäh es net verdruß,
Dä wegder nor und recher
De Gējend sich erschluß;
De Fielder uefgezirkelt,
Äm Wängert Rōm u Rōm,
Bu Bäschen hīsch verschnirkelt,
Wä lacht der Kiresōm.

Wä zäh sich durch de Länder
Gänz schmuelgestreift be Wēch,
Wä glänzä Sälwerbänder
Kramantusärtich Bēch.
Hä īnsem uch ellīnchen
E Kretz um Furrlengsūm,
Dīrt färr um gräne Rīnchen
Stīhd e wälb Appelbūm.

Hä drīt seng lastich Flīzen
Der Mīresch af'm Räck.
Seng bill Gemīne rīzen
Um Rēch dertif de Bläck.

1. Bangert: Baumgarten; Frähjōhrsflutter: Frühjahrs=
schmetterling. — 2. mir drä: wir drei; hecher: höher; wegder:
weiter; Wängert: Weingarten; Rōm: Traubenpfahl; bu Bäschen:
von Wäldern; Kiresōm: Kornsame. — 3. schmuelgestreift: schmal=
gestreift; kramantusärtich: gewunden (krumm); Bēch: Bäche;
Furrlengsūm: Ackersaum; Rīnchen: Rain. — 4. drīt: trägt;
Flīzen: Flöße; dertif: drüben.

Dīrt, iwerous ze līwen,
Lāt det Geberch zeräck,
Allmächtich hī bertīwen
Der Adler, wä en Mäck.

U sollen hīsche Plätzen
Wä fählb em sich derhīm.
Se kännen es ergätzen
Wä wangerhärrlich Drīm.
Unb stöhn är brå zesummen,
Unb ener wīß Beschīb,
Fröcht em nō alle Nummen,
Dä nor be Gējenb brīt.

Wat gåf et bō ze frōgen
Äm Irt, uch Lånd uch Lekt!
Mer hīrben bō munch Sōgen
Ous gåber, ålber Zekt.
Mer märkten af seng Mēren,
Geluegert än bei Mōs
Unb lessen es erklēren
De Ämgējenb vu Broos.

## De zwie Sachseschwierter.

Wō be Mireschwälle glänze
Wä e Sälwerbånd,
Wōren hä bä Broos be Gränzen
Ist vum Sachselånd.

1. bertīwen: broben. — 2. u sollen: an solchen; Drīm: Träume. — 3. Irt: Orte; geluegert: gelagert. — De zwie Sachseschwierter: Die beiden Sachsenschwerter. — 4. ist: einst.

Als ās Ålben hähen kåmen,
Wåhde se des Jerd,
Ståchen, als Besätz se nåhmen,
Hier e Riseschwiert.

Hähär word ken Draas gewåndert,
Und be nå detsch Giest,
Ståchen buer än b' Jerd en åndert,
Brīb und bef und fiest.

Und är Hälbeschueren sången
Guer en Hīmetlīd,
Thuel, Geberch und Bäsch erklången
Feirlich welt uch brīt.

Bun be Schwiertern b' Ålbe schinken
Hier ke Broos båb īn
Gent huet Draas zem Ugebinken
Ā seng Burch genīn.

Härmeståbber awer wåndte
Se zem Wōpen un,
Nåhmen ous ben Nebberlånden
Drå Sībläbber brun.

Un dem Mīresch, wō sich zården
Tirk uch Kräst äm Strekt,
Äs bet Schwiert gor stirbich worden
Än er schwērer Zekt.

1. hähen: hierzu; wåhde se: weihten sie; hier: hieher.
— 2. hähär: daher; ken: nach; be nå: die neuen; Giest: Gäste.
— 4. gent: das andere; huet: hat; genīn: genommen. —
5. wåndte: wandten; Wōpen: Wappen; Sībläbber: Seeblätter.
— 6. sich zården: stritten; stirbich: schartig.

Detschtum hat sich eb erkiren,
Fährd et Dåch uch Nōcht,
Af 'm Brītfield geng 't verlīren
Än der Tirkeschlōcht.

Zwōr de Kåmpfplatz hatt behålden
Bathori und Hecht,
Doch det Schwiert äs bō zespålden,
Klångt nōch īst und brächt.

Wō et låd, af wegden Åen
Gottes Sēje rāht,
Kirestelder se bebāen
Fätt vum Tirkeblāt.

Halfzerrumpelt Terrn uch Mouren
Stöhn ous ålder Zekt,
Nōch du sachsesche Gebouren
Afgebāt, bäs hekt.

Doch det Detschtum, afgeriwen,
Hä bä Broos erlåch,
Awer Draas äs sachsesch bliwen
Bäs af desen Dåch.

Än be Schlöchten, bä se schlagen
Fīr är Bueterhous,
Än den Tirkenschlöchten bragen
Se är Schwiert bīrous.

---

1. Brītfield: Brotfeld (bei Broos). — 2. zespålden: zer-
sp lten. — 3. låd: liegt; bebāen: bebauen. — 4. Terrn: Türme;
Gebouren: Bauern. — 5. afgeriwen: aufgerieben; bliwen:
geblieben. — 6. brage: trugen.

Hai! wä word bō brä gewäbbert
Ous er Dannerwülk!
Hai! wä word draf lues gebläbbert
Fänd uch Fändes-Võlk!

Sachsesch händlen, sachsesch rieden,
Wä än ålder Zekt,
Sachsesch Vueteråser bieden
Hīrd em bō bäs hekt.

Draaser! selld ich gät bewöhren
Ir gehelicht Schwiert,
Dat nō villen hangdert Jöhren
Sachsesch bleift ir Hierd.

Und tā Broos, wänn uch verlīren
Geng deng Ahne-Schwiert,
Bleif, getrånd uch, doch än Ihren
Detschen Nummens wiert.

Sachsen! grålt vīr nichem Wäbber,
Härmestadt zer Nīt
Nōch äm Wöpen brä Sibläbber,
Nōch zwie Schwierter brīt.

———◆———

1. brä gewäbbert: hineingewettert; ous er: aus einer;
lues gebläbbert: los geschmettert; Fänd: Feind. — 2. Vueter-
åser: Vater unser; bieden: beten; hekt: heute. — 3. gehelicht:
geheiligt; hangdert: hundert. — 4. getrånd: getrennt. — 5. grålt:
fürchtet Euch; nichem: keinem; brīt: trägt.

# De drå Burjen der drå Prinzäſſännen.

(En Bulksſōch.)

E Firſt ålb uch vermējend,
Drå ſtattlich Dïchter hatt,
Seng wōr be Mïreſch=Gējend
Bäs un be Retjeſat.

Unb als e wōr geſtorwen,
De Dïchter bïlde ſich
Än båt, wat hï erworwen,
Bewōhrt hatt ritterlich.

Doch nichen hatt Verträen
Ellïn af Weiwerkraft,
Se wüle Burje bāen
Af Fälſen än be Laſt.

De Ältſt feng un ze ſōen:
„Me Schlueß, wä Eiſe webb
Schïn än drå Wōche ſtöhen,
Wo Gott mich net verlet.“

De Mättelſt ſōb: „Ich bāen
En Burch, wä Sälwer häll
Drå Däch nor, unb ich rähen,
Wō ’b äſer Härrgott wäll.“

De drå Burjen der drå Prinzäſſännen: Die drei Burgen der drei Prinzeſſinen. (Volksſage.) — 1. Mïreſch=Gējend: Maroſch=Gegend; Retjeſat: Berg im Süden Siebenbürgens. — 2. bïlde: teilten. — 3. nichen: keine. — 4. webb: würde; verlet: verläßt. — 5. ſōb: ſagte; ich bāen: ich baue; ich rähen: ich ruhe.

Dō sōt de Jängst der Sästern,
Nōch e verhatschelt Kängd:
„Wä lang wälld ir do tästern?
Bä mir gīht dåt geschwängd.

Ech bä mer jang und gläcklich,
Mēr ōhne Gottes Mōcht
Kēn Hemmel ūgebläcklich
En gålbä Burch vōl Prōcht.“

Se båden īn wä b’ ånder,
Drå Däch: et stānd bä īn;
Drå Wōchen: et stānd bä ånder
Mät Gottes Sēje schīn.

Ån Hannebeng dō weisen
Se nōch de Buzdegān,
De Näbois stark wä Eisen,
Dåb äm Gestīn sål rāhn.

E Sälwerschlueß, ä Stregden
Beremt, de Dīmrich stīht,
Et sängd ous ålden Zegden
Är Schäcksål munch ī Līd.

Doch gånz zerrätscht, vergießen,
De Gûldbärch selt em rāhn,
Wō gottlīs sich vermießen
De Jängst är Burch ze bān.

1. Sästern: Schwestern; tästern: herum tackeln; geschwängd: geschwind. — 2. mēr: wenn auch. — 3. se båden: sie bauten. — 4. Hannebeng: Hunyadischloß; Buzdegān, Näbois: Türme im Hunyadischloß. — 5. Dīmrich: Devaer Schloß. — 6. zerrätscht: zerfallen.

Dier ſekt graß af de Gäber
Mät bien de Jewent lacht
Unb hälb, e ſtennrän Häber,
Seng inſem Fälſewacht.

Komm wūl de jängſt Prinzäſſän
Dō bän är gälbä Schlueß,
Si brăng ſich, wälb zerräſſän,
E ſchwēr Gewäbber lues.

De Mīreſchwälle rännen
Kēm Fäls äm Sturm ſich matt,
Dō ſchußt de Sträll nōch ännen,
Gewälzt vum Retjeſat.

Sich angberwieſche ſpīrb em
De gälbä Burch, — et blätzt, —
En Dannerſchläch bien hīrb em, —
Äm Mīreſch lät de Spätzt.

Unb angber Fäls unb Wällen
De jängſt der Säſtre läch,
Dä ſchlēft nō Gottes Wällen
Dō bäs zem jängſten Dăch.

De Burch äs ānerſchaffen,
Der Gūlbbärch ärnſt unb kuel,
Sekt uewen unb ſekt affen
Än 't härrlich Mīreſchtuel.

⸻◆⸻

1. graß: finſter; Jewent: Ebene; Häber: Hüter; inſem:
einſam. — 2. komm: kaum; brăng ſich: entrang ſich; Gewäbber:
Gewitter. — 4. angberwieſche: unterwaſchen; Spätzt: Spitze.

# Der ålt Torrn bu Bērendorf.

Iwännich Broos, wō sich de Båch
Gewieschen hueb är Kämpel,
Wat sett em um hällächten Dåch
Wol fir en ålt Gerämpel?

E Kirchen-Torrn stīht dō verwīst
Åm gränen Tuel vōl Kīren,
Als häf de Zett en Rise-Gīst
Verwängscht und dō verlīren.

Dier sett eruef af Lånd uch Lett
Mät huelen Ůgen ängden,
Als wīl e sich än des nå Zett
Und kent sich net brä fängden.

Schuwick und Buhu helld ellīn,
Dä frētzen dō är Jangen,
Wō īst vir Ålders häll uch rīn
De Klōken hu geklangen.

Und wō af weißem Ziffrebliet
Gemieße sich de Stangden,
Huet dem Gemeir sich un der Stiet
En Däftelstroch entwangden.

Der ålt Torrn vu Bērendorf: Der alte Turm
von Beerendorf. — 1. iwännich: oberhalb; Kämpel: Tümpel;
hällächten: hellichten. — 2. verwīst: verwaist. — 3. eruef: herab;
huelen: hohlen; ängden: immer; kent: könnte. — 4. Schuwick:
Käuzchen; helld: heult; frētzen: füttern; hu: haben. — 5. Ziffre-
bliet: Zifferblatt; Stangden: Stunden; Gemeir: Gemäuer;
Stiet: Stätte.

9*

Diem let der Wängd, de Laft net Räh,
Verspōte se Gekijer,
Und uewe nädfst und affen zā
En Däftelknūp ftatt's Zijer.

Hī īwen wecht af dem Gefims
Wälb Gräs sich hinewedder,
Der Wängd durchblēft et, wä en Zims,
Reißt alb en Stīn mät nedder.

Und angderm Torrn ä länke Rähn
Äs Gräf u Gräf ze fähen,
Def angde vill gāt Sachse lān,
Blō Blemmcher driwer blähen.

Bīr ālden, ālden Zegde lāch
Ift hä en detfch Gemīn,
Iwännich Broos um Brēfer Bāch
Angwännich vu Berīn.

Se word det Bērendorf genänt,
Äs vun der Jerd verfchwangden,
Ār Būlk äm Kämpf fīr 't Bueterländ
Äm Brītfield angdegangen.

Der Torrn ellīn ftīht nōch, verwīft,
Äm gränen Tuel vōl Kīren,
Als häf de Zekt en Rifegīft
Verwängfcht und dō verlīren.

---

1. let: läßt; Gekijer: Hinaufklettern; uewe: hinab; nädfft:
fchwankt; Däftelknūp: Diftelkopf. — 2. wecht: wiegt; Zims:
Sieb; alb en: manch einen. — 3. Rähn: Reihen; lān: liegen. —
4. angwännich: unterhalb. — 5. angdegangen: untergegangen.

Dier ſett eruef, ſett aſſen zā,
Gekrēcht ouß alle Fūgen,
Starr af de hārrlich Blommenā
Māt graſſen, huelen Ūgen.

Doch wänn ām Mierz vum Hīgeberch
De Bāch vōl Schnī rouſcht nebber,
Wänn ām Apräl de Klapperſterch
Ānt Hīmetlānd ku webber,

Und wänn um heſchte Māendāch
Det Kīre līſt än Ēhren:
Erzillt der Torrn dem Storch, der Bāch,
Dem Kīren ſeng ālt Mēren.

Et hīrd und hīrt der Klapperſchink,
Det Kīre peſpert ſtāller,
Et rouſcht de Bāch gor fräſch uch flink
Und Wāll u Wāll licht hāller.

Blō Blemmchen, dāb af Grāwre lāt,
Af Hāfflen und ä Būgen,
Dāt ſchnänkt det Hīftchen, lacht und ſchrāt
Juſt wä māt Māngſchenūgen.

───◆───

1. gekrēcht: zerbrochen; graſſen: finſtern. — 2. Hīgeberch: Hochgebirg; ku: kommen. — 3. heſchte: ſchönſten; Māendāch: Maientag. — 4. peſpert: flüſtert. — 5. lāt: liegt; Hāfflen: Hügeln; ä Būgen: in Erdfalten; ſchrāt: weint.

# Hannes Weiß än der Britfield-Schlöcht.

## Bir der Schlöcht.

Wat gräschelb af'm Britfield, wat wießt bō än der Stappel,
En Sōt vun eggel Eisen? Wat wäll dät Ruehgetrappel?
Uch ned en Kniflichnēldche kēnt bō sich mī bedrēn,
Der Dīd hält bō seng Ähren, der Dīd wäll hekt bō mēhn.

Der Jwermāt stīht dīrten, der Tirk, der Kräftewerger,
Unb hā bet Gottverträen, en wefel Siwenberjer;
Gen flachen dīrt unb schimpfen ä gottvergießner Ried,
Des sänken af är Knä sich unb allent sängd unb biet.

Wat flecht dertif erämmer af ruewefchwarzem Rappen?
Dier fchnouft uch äm Stinnoplen, sich Ōdem ze erfchnappen!
Dāb äs ze Rueß der Bafcha, et flijert se Gewånd,
Kit wä der Blätz ä Wülken durch 't Tirkevūlk geränt.

Doch wier äs bier häiff mät stülzer Riejerfäbber?
Eb äs der Bathori, bier rekt wä 't Dannerwäbber;
Mathias huet, der Keneng, zem Wajda en ernänt,
Ze richten unb ze schlichten äm Siwenberjer Lånd.

Dier mustert nā seng Kräften, ställt fälwent se ä Rähen,
Äm se mät Wīrd uch Bläcken zem heljen Kämpf ze wähen.

Hannes Weiß än der Britfield-Schlöcht. Bir
der Schlöcht: Hans Weiß in der Brotfeldschlacht. Vor
der Schlacht. — 1. gräschelb: knirscht; wießt: wächst; eggel:
eitel; Kniflichnēldchen: Stecknadel; bedrēn: Platz finden. —
2. Jwermāt: Übermut; Kräftewerjer: Christenwürger; en wefel:
eine Handvoll; biet: betet. — 3. dertif: drüben; Stinnopplen:
Sprengen; flijert: flattert. — 4. häiff: auf dieser Seite; Riejer=
fäbber: Reiherfeder; Wajda: Wojwode. — 5. fälwent: selbst;
wähen: weihen.

De Sachſe ſtōh gånz bīren, vum Georgius Hecht gelīt,
De Blōch ſen än der Mättent, zeräck der Anger ſtīht.

Der Bathori bier ſtinnt nā b' irſt durch 't Sachſevülk,
Dåt wiecht ſich net, dåt morwelt nor wä en Dannerwülk;
Nōch ſtīht ſe ſtäll uch rāhich, et bannert nor alb īſt,
Bäs Hōl uch Rēn all gäſchä ſich ous be Wülke līſt.

Doch wier tribb ous em Gläb bīrt mät ſläßä blonden Hōren,
Brītſchulbrich, muskelarmich mäb Ūge blōe, klören?
Dier brängelb af'm Schimmel ſich ſchneller wä der Blätz,
Unb af em Jhr bō brīt e en ſachſeſch Bouremätz.

Dåb äs der Honnes Weiß, vun ächtem Schrōb uch Kīren
E Sachs, bier ſprächt, zem Wayba gewånbt, än heljem Zīren:
„Hårr Bathori verzäht mer, et gäkt mich än der Fouſt,
Si lang, bäs ſe bem Baſcha bet Hīſt eruewer ſouſt.

Dier Hīb bier rekt erämmer als bēt ich et zem Poſſen,
Wä ſīle mir, als Kräſten, bīr em es lichter loſſen?
Bäm Hämmel näi! et räkt mich, ich kån et neb erbrōn,
Unb bän ich et, ſi hun ich meng Schälbeget gebōn.

Doch Bathori bier ſekt en braf u mät ſtränge Bläcken,
Befilb em mät der Hånb, nor än bet Gläb zu räcken,
Beſekt be Schueren alle, bä hekt be Kämpf gewōcht,
Unb git bernō bet Zīchen zer wältberember Schlōcht.

. gelīt: geleitet. — 2. ſtinnt: eilt (ſtemmt); b'īrſt: zu erſt;
morwelt: murmelt; alb īſt: manchmal; Hōl: Hagel; Rēn: Regen;
all gäſchä: rauſchenb. — 3. ſläßä: flachſen; brängelb: brängt;
Jhr: Ohr; brīt: trägt; Bouremätz: Bauernmütze. — 4. verzäht:
verzeiht; gäkt: juckt; eruewer: herab. — 5. erämmer: herum;
als bēt ich: als thäte er Euch; lichter: ſchlechter; näi: nein;
erbrōn: ertragen; bän ich: thue ich. — 6. befilt: befiehlt; git:
giebt; be Schlōcht: die Schlacht.

## De Schlōcht.

Wä wänn zwie Wädder sich äm Mīresch=Tuel begēnen,
Är büß Gepränkel sich nōch ous wekter Ferd entkēnen,
Bäs Danner sich mät Danner und Bläz mät Bläz vermängt,
Bu Rēn uch Hōl en Sängbflāt sich ous be Wülken brängt:

Si gräschelb et bu färrenst, fi tueft unb bērb eb äugben,
Et bläzt ous Hälben=Ügen, et knärschelt mät ben Zängben,
Bäs Mann u Mann äm Brütfield be Schlōcht sich wälb ergeßt,
Unb bäs ous toufenb Wangben bet Blād ä Bēche fleßt.

De Bascha fähb en bīrten af rueweschwarzem Rappen,
Der Weiß stinnt hängber äm af Häfflen unb ä Grappen,
En Wülk steift Bīde nō, en Wülk bu Stūf uch Ferd;
Wä glänzt der Tirkesäbel! Wä bläzt bet Sachseschwiert!

Nū huet en just erbīhnb äm greßten Tirkendrängel
Der Weiß af sengem Schimmel hät burch sich, wä en Ängel,
Unb än em Wiz, nōch īh em sich versekt unb glīft,
Schubbs! hät eruef bem Bascha seng iwermäbich Hīft.

Dāt fört e af, stoppt necklich eb än ben Tāserb ännen,
Unb git bem Rueß be Spīren, mät Gott berbun ze rännen.
E Schwarm, bier wuselt hängber 'm bu Fänbe weckt uch brīt,
Begīrich guer, ze rēchen bes Bascha sengen Dīb.

1. Wädder: Gewitter; büß: dumpf; Gepränkel: Streit;
Ferd: Ferne; entkēnen: entgegnen. — 2. gräschelt: rauscht; bu
Färrenst: von Ferne; bērb: zankt, brauft; knärschelt: knirscht. —
3. bīrten: borthin; Häfflen: Hügeln; steift: stiebt. — 4. huet
en: hat er ihn; erbīhnb: erbehnt; hät eruef: haut er herab. —
5. fört e: fängt er; stoppt: stumpft; Tāserb: Seitentasche; wuselt:
wogt; guer: alle.

Ofglech se wä be Hangd schīn äm bese Bässe närrben,
Der Miresch wōr net färr mī, e moßt en boch entwärben;
Rasch sprāng e än be Wällen, be Fänb dā worbe paff,
Unb spärrbe gänz verbēfelt nor Mell nch Ūgen af.


Doch Weiß af sengem Schimmel schwām burch mät frihe Mīnen
Unb Fell unb Speß vum Āwer kangt nicher en erbīhnen,
E klabbert lastich affen um Mireschrēch zem Gläck,
Doch seng Verfoljer flugen toll än be Schlōcht zeräck.


Dertīwen af'm Kūpen bō schmīß sich ous em Sabel
Unb leß be Schimmel frießen ās Ritter ōhnen Tabel,
Hī sälwenb ous em Tāsert seng Āgesackfel nit,
Unb Brīb unb Bāslīsch äßt e mät greßtem Appetit.


Doch wä än Jchebäschen bes Sturmes Danner sousen,
Wä wänn be Miereswällen un 't Fälsenāwer brousen:
Si brēßeld eb unb kreischt eb unb bērb unb tueft mät Mōcht,
Wä Hälb mät Hälb sich brängen bef angber'm än der Schlōcht.


E sett, wä Bathori mät tousend schwēre Regbern
Entkē sich wirst dem Tirken mät virzichtousend Stregbern.
De Jwermōcht ämrängb en, e sett bes Wayba Nīt,
Zwie Rueß bä stäcken angber'm, seng Hälbeblāt sleßt rīt.


1. Hangd: Hunde; närrben: knurrten; entwärben: ent=
kommen; verbēfelt: verblüfft. — 2. Fell: Pfeile; nicher: keiner;
Mireschrēch: Maroschberg. — 3. dertīwen: droben; Kūpen:
Bergspitze; schmīß: warf; Āgesackfel: eingepacktes Essen; Bāslīsch:
Speck. — 4. än Jchebäschen: in Eichenwäldern; brēßeld: rasselt;
brängen: ringen; angber'm: unter ihm. — 5. entkē: entgegen;
ämrängb en: umringt ihn; Rueß: Rosse; stäcken: stürzen.

Schī messe rēchts uch länks de Kräfteschuere wechen,
Der Tirk bier drängt sich vīren, erstermb en Bärch vu Lechen,
Schī juzt unb frät se Bülk sich unb jubilīrb äm Gläck,
Dō fällt der Kinifi em, der Banus än be Räck.

E Bläz ous hībrem Hemmel fi stirzt e än de Mättent,
Mät rifestarken Armen de Bathori errättenb,
Ä jeber Hänb dō schwängt e en allemächtich Schwiert
Fīr Glūwen uch fīr Frängbscheft unb Bueterländes Hierb.

De Schlöcht dä äs entschīben, — der Tirk än't Muerk getrōfen,
Bil sen burch't Schwiert gefallen, äm Mīresch vil erfōfen,
Der Ali Bey entworb nor mät gänz genāer Nīt,
Hī äm Geberch en Stinne, dä schätzt en vīr dem Dīb.

Doch zwäsche Fändeslechen de Siwenberjer schmousen,
Kinifi awer leß de Sījesrähn erbrousen:
En Fänb hält e än Zängben, als wēr 'b en Pomerānz,
Et folgten em seng Zäkel, bât wōr der Tirkenbänz.

Den Doileban, en Dinkmōl leß Bathori erbāen,
Zem Zīche senger Rättung unb senges Gottverträen.
Bärhangbert Jōhr äs bier scher gestänben unb bem Jrt,
Bäs en zeliezt der Ländsturm mätwällich huet zestīrt.

Doch wänn te af'm Brītfield kē Benzenz kist gegangen,
Si sekst te längs der Ländstroß en Kell vu Kīre prahgen,
Duer hu se treißichtousend vu Männern higelōcht,
Dä niche Brīt mī äßen nō defer Brītfield-Schlöcht.

1. frät: freut. — 3. erfōfen: ertrunken; entworb: entkam; Stinne: Sennhütte (Romänisch). — 4. Fändeslechen: Feindes-leichen; Sījesrähn: Siegesreihen. — 6. Kell: Grube; buer: dort-hin; higelōcht: zur Ruhe gelegt.

### Nō der Schlōcht.

Wat kottert genſt dem Mīreſch, wat ſtǟwert bō erǟmmer,
Als ſǟk en Hirt zeſummen, vum Wūlf verſchīcht, ſeng Lämmer?
Bun Hellebard uch Lanzen wat blǟzt bō ǟn der Fert?
En Streifpatrōl ǟs dāten, dǟ bīrt erǟmmer errt.

Der Bathori bier hat glech nō der Schlōcht befīhlen,
De Flīchtijen, Verſprǟngden ǟnt Lueger ueſzehīlen.
Hī īwen af'm Kūpen bō ſǟnde ſe ellīn
De Weißen Honnes ſätzen af ſchwarzem Fälſeſtin.

Und ener ſōd: „Ei Honnes! wǟ kǟn em doch hǟ ſätzen
Andīeß bō angbe Säbel und nǟ de Bēcher blǟzen,
Doch hueb er ned ze ſobber getummeld ich zer Schlōcht,
Si tummeld ich, kut mǟb es, ze zēchen durch de Nōcht!"

Doch Weiß ſett iwer d' Ueßelb en u mǟt ſtūlze Blǟcken,
Und ſprǟcht: „Hait, rommd ich newen, hǟ hueb er nǟſt ze ſäcken,
Doch īnte net vergießt mer, er kennt dem Wajda ſōn,
Der Honnes Weiß dier hǟf ſchī ſeng Schǟldeget gedōn."

Dǟ gōn und rapportīren dem Bathori des Mēreu,
Doch dier wǟll guer nǟſt hīren und ſēt nor un ze bēren,
Und ſchǟckt ǟmſonſt zem zwieten und ſchǟckt zem drǟttemōl,
Den Honnes Weiß ze hīlen, af't Rēch de Streifpatrōl.

Und Weiß, wat hǟf gehalfe ſe Wījern und ſeng Tuewen? —
E nǟm um Zūm de Schimmel, geng mǟt ǟn't Lueger newen;

Nō der Schlōcht: Nach der Schlacht. — 1. kottert:
ſucht; ſtǟwert: ſtöbert; ǟs: iſt; dāten: das da. — 3. angben:
unten; net ze ſobber: nicht zu ſehr; getummelt: beeilt. —
4. Ueßelb: Achſel; rommd ich: packt Euch. — 5. ſēt: fängt.

E word gelīd än't Zält, wō be Fährer hålbe Rōt,
Und zornich tråd entkēn em der Bathori und sōt:

„Hait! åntfert gäber Frängd mer, wuer sekt er bä gekrōchen,
Als Kampf und Schlōcht erbrousten, wuer håbb er ich verstōchen?
Kurz vīr der Schlōcht bō mōcht e sich pazich und bēt båck, —
Und nā brängt be Patrōl eu — wiß Gott wohär — zeräck!"

„Et dīt mer wīh äm Härzen," sprächt Weiß, „def meß et krinken,
Dab ir, meng Härr und Wajda, si licht bu mir sellt binken,
Mir glīft er net, dåt sähn ich, — si sål en Zech ich sōn,
Dab ich me Wīrd erfällt hun, meng Schåldeget gebōn."

Und necklich geng e oußen durch alle Härrn bun Abel
Vīrt Zält ze sengem Schimmel und knäppt sich uef bum Sabel
Den Tåserd und gewännt brous, verstruwelt und zerrīft
Und liecht ze 's Wajda Feßen des Tirkebascha Hīft.

Et sähn en u verwängbert be Firsten uch Prälāten,
Et drēh sich ännär Grunnen be ängeresch Magnāten;
Der īn bier sach eu regden, bet Schwiert der ånder zähn,
Der drätt bem Tirkebascha bet Hīft eruewer hän.

Und ener nō bem ånbern erännert nā sich bießen
Und nicher ous bein Lueger wibb mī bes Thōt vergießen,
Und än em Witz bō sen em be Härzen zägewåndt,
Em klōpt em af be Ueßeld, em dräckt seng Bīberhånd.

1. gelīt: geleitet; entkēn: entgegen. — 2. wuer: wohin;
håbb er: hattet Ihr; mächt e sich pazich: prahlte er. — 3. Zech:
Zeuge. — 4. necklich: hurtig; oußen: hinaus; knäppt: knüpft;
gewännt: nimmt heraus. — 5. ännär: ihre; Grunnen: Schnurr=
bärte. — 6. än em Witz: im Handumbrehen; sen: sind; klōpt:
klopft; Ueßeld: Achsel.

Und Bathori tritt vīr en und sprächt: „Vīr allen Hälden
„Wäll āsem Katner Weiß ich seng Häldenthōt entgälden,
E huet gebōhn än Ihren, wat nor e Mängsch getän,
Si sāl e sen vun nā un en ängresch Ädelmän.“

Ich bä“ — sprächt Weiß — „und bleiwen mät jedem Blādestrōpen
E Sachs, wat nätzt mer aϊsi en ängresch Adelswōpen?
Verzäht mer, dåt wedd passen just wä en Foust af't Uch;
De Häldenthōd en Flomm äs, der Abel nor der Rūch.

Et hun ed ousgesprōchen ās Älden ōhne Tadel,
De Tugend und be Frähīt, dåt wēr der Sachsenabel;
Und wad ās Väter sōden und wat se es gelīrt,
Dåt sāl em fiest bewōhren und hälde sīrd und sīrt.

Si lot dänn, äbler Wayda, de Ritterschläch ä Fribben,
Doch wällb er äst gewieren, si häf ich īnt se bibben:
Ich wunnen hä ä Brībsdref, äm Heisken, dåb er säht,
Et kuckt ous Wegdebīmen und schilzt af't Mille=Räb.

Meng Ahnen — Gott sā mäb en, — se se schī lang gestorwen,
Dä hu sich hä äm Brītfield vil Ackerierd erworwen,
Vu mengem Vueter äs se mir ugeärst dersängt
Und sūl vu mir verärwen af Kängb uch Kängbeskängb.

Doch wad ich uch erärft hun, und wad ich uch errackert,
En angem Nōber huet mer't hīsch hemlich uefgeackert,
Und wat e stuϊ, behält e än beser schwērer Zekt,
Wō niche Rēcht ze fängben vīr lockter Tirkestrekt.

1. Katner: Helden; getän: vermag. — 2. bleiwen: (ich)
bleibe; Uch: Auge; Rūch: Rauch. — 3. sōden: sagten. — 4. lot:
laßt; äst: etwas; ich wunnen: wohne. — 5. sā: sei; dersängt:
seither. — 6. errackert: erarbeitet; stuϊ: stahl; fängben: finden.

Si wīl ich ich dä bibben, Härr Wayda, ir sekt mächtich,
Ze tronnewe menge Nöber, bier glatt ze īwerschlächtich,
Ich webb ich īwich dånken und webb mich hībnisch från
Und net benegde webb ich mēr wellen Ådelmån!"

Und Bathori tribb un en, af b' Ueßeld ein ze klöpen.
„Genächsemget" si sprächt e — „däd äs bet hescht der Wöpen;
Me präwer Sann, be Wällen sål, wä 't et wängscht, geschähn,
Belīhnt sål alle Wält hekt beng äbel Thōte sähn.

Wä sollär Sinn, wä besen be Bülk hueb afzeweisen,
Si meß et wärlich blähen, en Håldesōt vun Eisen,
Durch Fråhīt und burch Tugend geadelt meß bestōhn
Nō villen hangbert Jōhren beng äbel Nation."

Bärhangbert Jōhr vergengen, — be Ritter se vergießen,
Barōnen uch Magnäten, bä sich äm Kämpf gemießen, —
Doch hektzebuech erzielen nōch sachsesch Kängb uch Greis
Mät Zēhren än ben Ügen be Mēr vum Honnes Weiß.

# De Klōk bun Angberten.

Bäm Hīrel låch īst Angberten,
En betsch Gemīn äm Kießel,
Doch nanā, nō Jōhrhangberten,
Wab äs bō fīr e Wießel?

1. wīl: wollte; tronnewe: trumpfen; glatt ze: gar zu; iwer-
schlächtich: überschlächtig; benegde: beneiden. — 2. klöpen: klopfen.
— 3. sollär Sinn: solche Söhne. — 4. Zēhren: Thränen. —
De Klōk bun Angberten: Die Glocke von Unterten.
— 5. Hīrel: Hīrel (ein Wald bei Leschkirch); Kießel: Kessel.

Bun Gaß uch Torrn, bu Kirch uch Schīl
As nichen Spūr ze sähen,
Et wunnt bō ned en mängschlich Sīl,
Nor Kirefielder blähen.

De Päſt bråch ous, mäb är der Dīb,
Wab iwrich blif, moßt wåndren,
Et blif nō Kråch uch Hangersnīt
In Stīn ned af'm ånbren.

Doch bat hä Angberten īſt låch,
Dåt wäſſen be Gebouren,
Wel munch enem be Plachſchuer bråch
Bäm acren un be Mouren.

Als et verweßt wōr ferchterlich
Bäs af be lietzte Schattert,
Dō bīlbe vär Gemīne ſich
Än be verwīſten Hattert.

Ī Stäck ber Mårpeber bekåm,
Der Kirprijer en ånbert,
Det brätt ſich ber Leſchkircher nähm,
Det birb und greßt ber Ålzner.

Und Angberten, bes grīß Gemīn,
Dä ſtänb bun helt bäs morren,
Näſt blif, als nor ber Klōken īn
Än Ålzen af'm Torren.

1. Torrn: Turm; wunnt: wohnt. — 2. iwrich: übrig.
— 3. Plachſchuer: Pflugſchar. — 4. verweßt: verwüſtet; Schattert:
Zelt, Hütte; bīlde: teilten; Hattert: Gemarkung. — 6. morren:
morgen; näſt: nichts.

Dåd äs de Klok vun Angberten,
Zer Kirch lockt dä de Legden
Uch helt noch nō Jōhrhangberten,
En Stämm ous ålben Zegden.


Unb hektzebuech erzilld em nōch,
Wä så äm Schutt låch angben,
Et sōb ich eb en Ålzner Sōch,
Wä em se häf gefangben.


Bun Ålzen brif e Schwengshirt ous
Seng Hierde sich, en Hüfen,
Dō hatt sich ous der Klaft erous
En brächtich Kräm verlüfen.


E sackt unb sackt be gänzen Dåch
Bum Morje bäs entzōwend,
Bäs bat erlēcht äm Schäbe låch,
Et nicht sich schī ken Ōwend.


Dō såch e un em Ackerrīn,
Als bläh bō Gülb, äst blätzen,
Et schinn, als schläje Flomme schīn
Erbīr ous alle Rätzen.


Unb unne lef e et nōh ze sähn,
Wä hatt e sich gestiwelt!


1. lockt: läutet; Legden: Leuten. — 2. hektzebuech: heut-
zutage; angben: unten. — 3. Klaft: Schaar; en brächtich: eine
tragende; Kräm: Sau. — 4. sackt: suchte; entzōwend: zu Abend;
bäs bat erlēcht: bis baß er erschöpft; ken: gegen. — 5. äst:
etwas; erbīr: hervor. — 6. unne: hinan; gestiwelt: gestiefelt.

Dō sâch e en Klōk, dä hat seng Kräm
Halwich erousgegriwelt.

De Kräm, dä sând e mätten drän
Mät siwe Färkle lâen,
Dä schnouft und gruintcht, de Färklen drän,
Dä lesse sich et dâen.

Kēn Âlze rând än be Gemīn
As Hirt und ruf bäm Nummen
All kreischä, plätschä Grīß uch Klīn
Und Jang und Âlt zesummen.

Wä sich de Lekt verwangberten!
Mät Krampen, Spädlen, Häen
Lef allenter kēn Angberten,
Det Mierwangber ze sähen.

Se kâmen u, se grāwe lang,
Als grāwe se en Brannen,
De Klōk word gänzer ōhn en Sprang
Und ōhn en Räß gewannen.

Et dâste se än de Gemīn
Allkomm sieß stattlich Ißen,
Se zugen un der Klōk ellīn,
Dat schär de Sträng zerrißen.

1. halwich: halb. — 2. dâen: deihen. — 3. plätschä: knallend (mit der Peitsche). — 4. Krampen: Hacken; Häen: Hauen; allenter: alles. — 5. gewannen: herausgehoben. — 6. dâste: zogen.

Wat wör bö fir e Bülksgewähl,
E sammen uch e sorren,
Bäs dat se heng um Klökestähl
Än Älzen af'm Torren.

Däd äs de Klök vun Angberten,
Zer Kirch reft bä de Legden
Uch hekt nöch, nö Jöhrhangberten
En Stämm ous älben Zegben.

———◆———

## De Nåjöhrsnöcht.

Der Niewel sprid en Schlïjer ficht
Sich iwer Field uch Hous,
De Kälbe pätscht ïnd än't Gesicht,
Kit vum Geberch äm Sous.
Et deistert hekt hïsch mëhlich zä
Vum Morje bäs entzöwend,
Em spird et, dat det Jöhr zer Räh
Sich liecht um Jöhresöwend.

Däd äs de Zekt, bö summle sich
Ä wuermer Stuf gät Frängb,
Se pippen und erziele sich
Tratz Niewel, Schnï uch Wängb.

1. sorren: surren. — De Nåjöhrsnöcht: Die Neu=
jahrsnacht. — 3. Niewel: Nebel; sprid: breitet; pätscht: zwickt;
ïnd: einen; kit: kommt; deistert: wird finster; entzöwend: abends;
liecht: legt. — 4. pippen: rauchen.

E värentreiß'jer Ihreweng
Wibb dō geknatscht bäm prīplen,
Em let zem Thē bäm Feier seng
Det Waſſer laſtich rīplen.

Und hued em nō de Riede brīt
Bum ålde Jōhr bäs helt,
Si sängd em e Stubäntelīb
Ous gåder ålder Zekt.
Em let bäs än de Mätternōcht
De Wätz wä Fanke ſcheſſen,
Und wiert, äm henkt, Punkt Zwelf, mät Mōcht
Det Nåjōhr ze begreßen.

De Weiwer alle iwerīn,
Wat hun bä ſīr en Fråd!
Em wīß, ed äs bun Ålders ſchīn
Des helich Nōcht gewåht.
Und wat bō ku wibb, kän em ſähn,
Mierwangder uch Mirakel,
Någīrich dreiwe Mēdcher, Frän
Henkt allerlå Späktakel.

Rīd Appelſchuele ſchmeiße ſe
Kēm Dirpel, bad et patzt,
Ous dem Kramantus lieſe ſe
Wier ſ' än dem Faſching matzt.

1. geknatscht: geſchlürft; prīplen: plaudern; let: läßt;
rīplen: einkochen. — 2. wiert: wartet; henkt: heut Nacht; be=
greßen: begrüßen. — 3. hun: haben; ku: kommen. — 4. rīd
Appelſchuele: rote Apfelſchalen; Dirpel: Schwelle; Kramantus:
gewundene Linien; matzt: küßt.

10*

Paputſche wierſe ſ' iwer't Hīſt,
Fällt bier är Spätzke kē vīren,
Si kib e Frāer, wä em glīſt,
Und frängbert ſe än Jhren.

Wueßlächtcher klipſe ſe ſich draf
Ä Rutſcheſchuelen un,
Und loſſe ſ' än em Waſſerſchaff
Schwämmän zeſumme kun.
Gend äs der Hanz, det Lisken det,
Und kun dä zwie zeſummen,
Si nie ſe ſich, mēr wä et webb,
Tratz ſlipſen und tratz ſchummen.

Wä Pockes, än de Feirſtäll hekt
Gelōcht, ſich drängelt fräſch,
Si bleift der Frängd, dien et bedekt,
Uch kernich, wä e Fäſch.
Är geſſe Blä, en Stadtfrämähm
Dä liſt ous de Figūren;
Em bēt geſchekter, der Madām
Af är Gerieb ze flūren.

Är wīchen nā ſich Wängtergrän
Ä Waſſer, wä verſchūſt,
Jeb Blietche wibb gor gät beſähn
Und jēbet wibb gebūft.

1. frängbert: heiratet. — 2. Wueßlächtcher: Wachslichtcher;
klipſt: kleben; gend: jenes; mēr: wie auch; ſlipſen: Lachen. —
3. Pockes: Buchsbaum; Feirſtäll: Feuerſtelle; drängelt: ſich
krauſt; kernich: munter, geſund; geße: gießen; Stadtfrämähm:
Stadtfraumuhme; flūren: pfeifen. — 4. wīchen: weichen; ver=
ſchūſt: verrückt; gebūft: getauft.

Sil inb um Morjen u sich brōn
E Pickelchen, e Pätzken,
Si meß et dem marōdich gōhn,
E krētzt gewäß e bätzken.

Mät Jux und Spaß vergiht de Nōcht
Zwelf schlīt be Stangd, bō fiert
Bum Hemmel hī ä senger Prōcht
Der Jōhrsmån af de Jerd.
Et greßt en ållent mät Gesång,
Mät Wängschen und mät Bibben,
Em gratulīrt bäm Bēcherklång
Gesangbhīt sich und Fribben.

Dem Sachsevūlk, o Härr der Wält!
Gäf uch en hīsch Nåjōhr,
Dänn ohne benge Wällen fällt
Bum Hīft uch neb en Hōr.
Und ene Wängsch, die mer's erkīst,
Die wīlt te es erlūwen:
Åm nåe Jōhr den ålben Gīst,
Den ålbe Sachseglūwen!

—◆—

## Härwest.

En rībe Månkel bīt sich nä
Hīsch hemlich un ber Bäsch,
Åm Stappelfield äs sēlich Råh,

---

1. marōdich: marobe; krētzt: krächzt. — 2. schlīb: schlägt. —
3. wīlt: wolleft; erlūwen: erlauben; Gīst: Geist. — Härwest:
Herbst. — 4. Månkel: Mantel; hemlich: heimlich; Bäsch: Wald.

De Laft blēst scharf und fräsch;
Det Schnīgeberch äm Klōren
Stiht dō ä grōen Hōren.

Det Blommeliewen äs entstōkt
Un desem Härwestdåch,
Und wekt uch brīt klängt ned e Lockt,
De Wält huet Feiertåch;
Nor insem pīpst e Mīsken
Und hapst äm blōen Hīsken.

Äm Wängert brēt det Weimrekekt
Sich un der Sannenhäzt,
Und Quidd und Appel kuckt geschekt
Dus gielem Lūf verschmäzt.
Et färwen nā äm ställen
De Schlīhne blō är Krällen.

Und wat ou Männre stīhd ä Kraft
Äm gāde Sachselånd,
Dåd äs dertous, dåt rafft und schafft
Mät fleißich detscher Hånd.
De Fräen uch de Mēdcher
Dä sen derhīm Housrētcher.

Bum Stängel knatscht det Kukuruz,
Wä Gūld erglänzt seng Ēhr;

<hr>

2. entstōkt: erstarrt; Lockt: Laut; insem: einsam; Wīsken: Weise; Hīsken: Höschen. — 3. brēt: brät; Weimrekekt: Trauben= kern; Krällen: Krallen. — 4. dertous: draußen; derhīm: daheim; Housrētcher: Wirtschaftsbesorgerinnen. — 5. knatscht: knackt; Kukuruz: Mais; Ēhr: Ähre.

E Sëjen angber Gottes Schuß
Zicht sich, et git sich Mër.
Der Muest dier fällt de Bibden
Geschwibbelt, zem verschibben.

Abē! Abē! tā Sommer meng,
Dier līst, wat e gekån;
Nā greß dich Gott, mät Läf uch Weng,
Tā Hārwest bäst me Mån!
Kut! lot es e genessen,
Dat Līd uch Sorch zeflessen!

———◆———

## Krinen.

Ō Krīne, Stadt de Ihren,
Ä mī ich dich gesähn,
Ä schwērer moßt ich spīren
De Schmärz bäm Ferderzähn.
Verzūwert meßt te låen
Def äm Geberch vōl Prōcht,
Als wērst t' ous dese Bärjen
Bu Rīsen uch vun Zwärjen
Mät Terren und Paståen
Gehuewen iwer Nōcht.

1. Bibden: Kufen; geschwibbelt: überfließend, voll. — 2. wat
e gekån: was er vermag; kut: kommt; Sorch: Sorge. —
Krinen: Kronstadt. — 3. Ihren: Ehren; ä mī: je mehr;
låen: liegen; Terren: Thürmen.

Und doch se schī Jōhrhangdert
Vergangen und zestīft,
Sängtbieß te sekst verwangdert
Der Zänn är Fälsenhīft.
De Wūlken, dä äm kōren
Af färre Strößen zähn,
Wä staune se, ze fängben,
Erbåt vun detschen Hängben,
Wō Bäsch uch Fälse wōren,
En Wangberstadt erblähn!

Wä rouscht der ous de Bachen
Bum Bärch, dier un der stīht,
Alldäjlich zem erwachen
De Laft e Morjelīd.
Dō gält niche Getrånbel,
Det schlōfe wēr en Sängd,
Et wuselt durch be Gaffen
Det Būlk ä gånze Maffen,
Der Hånbel uch der Wånbel
Dä fängde nichen Ångd.

Brītschūldrich Burzelängder
Mät rondem Hetchen af,
Dä schlorpen hä, derhängder
Kīd en Harguß, e Jaff;
De Siwenderfer brängen

1. zestīft: zerstoben; Zänn: Zinne (Berg bei Kronstadt);
färre: fernen; Bäsch: Wälder. — 2. Bachen: Buchen; Getrånbel:
Säumnis; nichen: keins; Ångb: Ende. — 3. brītschūldrich:
breitschultrig; Hetchen: Hütchen: schlorpen: schlurfen; Harguß:
Armenier; Jaff: Pfaffe: Siwenderfer: Siebendörfer (bei Kronstadt).

En Anzuel vu Geblēch;
Ūr Weiwer seft em zähen
Vermummt, wä Klīsterfräen,
Und lastich Zäkel sprängen
Und juxen af 'm Wēch.

Kīst 't af de Muert gegangen
Hīrst te erbrouse glatt
En Tschorremorr vun Zangen
Ün deser Vīlkerstadt.
Duß allen Heiserzellen
Säh rēklich Fenster zā
Und ald e lōkich Üngel
Bläckt uewen af 't Gedrängel;
Seng Ūge blō verwellen
Af allem Vūlk mät Rāh.

Hī iwer de Gebäen
— En Kluck kēn Henkle klīn —
Hieft sich empīr zem Fräen
En Kirch ouß Fälsestīn.
Ün ärre Risenhallen
En Wangberorjel stīht;
Hīr! wä, vum Baß erschebbert,
Uch nōch de Grangbmour zebbert,
Bäs sänft de Tēn erschallen
En evangēlesch Līd.

1. Geblēch: Romänen. — 2. kīst 't: kommst du; Muert: Markt; Tschorremorr: Wirrwarr; Heiserzellen: Häuserreihen; rēklich: sauber; lōkich: lockig; uewen: hinab; verwellen: verweilen. — 3. Kluck: Gluckhenne; Henkle: Hühncher; Grangbmour: Grundmauer; Tēn: Töne.

Ō Krīne, Stadt der Ihren,
Detsch=evangēlesch Stadt,
Dä īmōl ouserkīren
En Weiß, Honterus hat:
Oj Rēcht uch Trā gebrōchen,
Hålt doch wä bīde Stånd
Und bleif nōch vill Jōhrhangbert
Geīhrt, geōcht, bewangbert,
Def äm Geberch verstōchen
En Krīn vum Bueterlånd!


1. geōcht: geachtet; Krīn: Krone.

CPSIA information can be obtained
at www.ICGtesting.com
Printed in the USA
BVHW041049230119
538482BV00003B/21/P